GWEN BOHNENKAMP
DR. RENATE JONES-BAADE

Was Katzen wirklich brauchen

Wege zu einem harmonischen Zusammenleben

KOSMOS

Das Verhalten einer Katze

verstehen

Katzen müssen angeborene Verhaltensweisen ausleben können. Ist dies nicht gewährleistet, können Verhaltensauffälligkeiten die Folge sein. Je genauer Sie über das Verhalten Ihrer Katze Bescheid wissen, desto mehr Wege für ein glückliches und zufriedenes Zusammenleben tun sich auf.

Katze und Mensch

Die Zahl der Katzen, die ausschließlich in Wohnungen leben, steigt unaufhaltsam. In vielen Ländern hat die Katze dem Hund den Rang als beliebtestes Haustier schon abgelaufen. Gleichzeitig steigt aber auch die Anzahl der Katzen, die aus irgendeinem Grund plötzlich unerwünscht und überflüssig werden. Es ist nicht so, dass die jungen Kätzchen so schwer unterzubringen wären. Vielmehr denkt nicht jeder daran, dass die Lebenserwartung einer Katze zwischen zehn und zwanzig Jahren liegt. Das ist eine lange Zeit, in der Katzen durch unglückliche Ereignisse im Leben ihrer Besitzer wie z. B. Trennungen, Krankheiten oder Todesfälle ihr Zuhause verlieren können. In vielen Fällen jedoch werden Katzen nicht abgeschafft, weil sich die Lebensumstände ihrer Halter dramatisch verändert haben, sondern weil sie plötzlich ein Verhalten zeigen, das für den Besitzer unerträglich ist und ihn überfordert. Viele dieser Verhaltensweisen sind normales Katzenverhalten, aber für den Menschen störend. Andere entwickeln sich, weil eine Katze, die ausschließlich in der Wohnung gehalten wird, „normale“ Verhaltenweisen oft nicht in angemessener Weise ausleben kann. Wenn dann der Katzenbesitzer nicht recht weiß, wie er mit verändertem und lästigem Benehmen seiner Katze umgehen soll, führt das zu Frustration auf beiden Sei-

Auf der Pirsch: Katzen sind perfekt ausgestattete Jäger.

ten. Eine Verschlechterung des Verhaltens ist meist die Folge und nicht selten endet das Ganze mit der Abschaffung oder gar dem Tod der Katze.

Problemen vorbeugen Jeder, der jemals mit einer Katze zusammengelebt hat, weiß, wie sehr sie das Leben bereichert und wie viel Freude sie machen kann. Inzwischen ist sogar wissenschaftlich nachgewiesen, dass Haustiere nicht nur ein geliebter Sozialpartner sind, sondern generell einen positiven Einfluss auf die Gesundheit ihrer Besitzer haben. Wir sind also einerseits Nutznießer und „Benutzer" unserer Katzen, gehen jedoch andererseits oft nicht ausreichend auf die Bedürfnisse unserer Katzen ein. Das gilt insbesondere für die Katzen, die ausschließlich in der Wohnung leben und im Hinblick auf ihre Lebensqualität in jeder Hinsicht auf ihren Halter angewiesen sind. In diesem Buch erhalten Sie Tipps, wie man der Entstehung von Verhaltensproblemen vorbeugen kann, indem man gezielt sowohl auf die speziellen körperlichen als auch die seelischen Bedürfnisse einer Katze eingeht. Sie erfahren, wie durch eine angemessene Reaktion eine weitere Verstärkung von unerwünschtem Verhalten vermieden und alles wieder in die richtigen Bahnen gelenkt werden kann. Gwen Bohnenkamp und ich, Dr. Renate Jones-Baade, möchten dazu beitragen, das Zusammenleben zwischen Mensch und Katze für beide Seiten noch vergnüglicher und erfolgreicher zu machen.

Typisch Katze

Katzen sind dafür geschaffen, sich in der freien Natur ihre Nahrung durch Jagd selbst zu fangen. Dafür brauchen sie bestimmte Fähigkeiten und ein Territorium, in dem sie leben und jagen können. Im Zusammenleben mit Menschen werden an Katzen jedoch ganz andere Anforderungen gestellt. Vieles, was als Verhaltensproblem oder schlechtes Benehmen bei Katzen gilt, ist in Wirklichkeit absolut normal, natürlich und oft sogar notwendig für das Wohlbefinden der Katze. Morgens um drei die Wände hoch turnen, wild durchs Zimmer jagen oder die Möbel zerkratzen – all das ist normal. Katzen sind nun einmal Nachttiere. Katzen müssen ihre Krallen schärfen. Man kann Katzen besser verstehen, wenn man versucht, die Welt aus ihrem Blickwinkel zu betrachten und ihnen nicht menschliche Beweggründe unter-

Von hier hat die Katze einen guten Überblick und kann die Umwelt in Ruhe beobachten.

Streicheln tut Menschen gut – das ist sogar wissenschaftlich nachgewiesen.

stellt. Katzen werden nicht unsauber, weil sie sich rächen wollen. Möbel zerkratzen sie nicht aus Bosheit, sondern um ihre Krallen zu pflegen oder um zu markieren. Natürlich möchte sich keiner gern von seiner Katze terrorisieren und die ganze Nacht wach halten lassen. Es macht keine Freude, wenn die ganze Einrichtung zerstört wird. Es ist andererseits aber auch nicht fair und obendrein unmöglich zu erwarten, dass eine Katze sich wie ein Hund oder ein Mensch benehmen soll. Genauso gut könnte man Vögel fürs Zwitschern bestrafen oder Hunden das Schwanzwedeln verbieten. Also verbieten Sie Ihrer Katze nicht, ihre Krallen zu benutzen und wild durchs Haus zu toben. Suchen Sie lieber Wege, um dieses Verhalten in Bahnen zu lenken, die für alle erträglich sind. Es muss doch möglich sein, Umgebung und Lebensstil so zu gestalten, dass Menschen und Katzen glücklich und zufrieden miteinander leben können. Versuchen Sie also, Ihre Katze zu verstehen. Es ist allemal besser, wenn Sie sie als Katze behandeln und respektieren, anstatt zu versuchen, sie mit Strafen und Gewalt in etwas zu verwandeln, was sie nicht ist und nie sein kann. Betrachten Sie also die ganze Sache einmal aus dem Blickwinkel der Katze.

Böse Katzen gibt es nicht

Treten bei einer Katze Verhaltensprobleme auf, so muss das Problem grundsätzlich von mehreren Seiten betrachtet werden:

- **Gesundheit** Wer sich viel mit seiner Katze beschäftigt, bemerkt Veränderungen in ihrem Verhalten meist umgehend. Grundsätzlich sollte man dabei niemals davon ausgehen, dass sie etwas tut, weil sie einen ärgern oder bestrafen will. Ist man bei Kopfschmerzen nicht selbst reizbar und verstimmt? Wer sich nicht wohl fühlt, ist einfach anders als sonst. Mit einem verdorbenen Magen muss man nun mal öfter aufs Töpfchen. Daher sollte bei abnormem oder plötzlich verändertem Verhalten als Erstes der Tierarzt aufgesucht und die Katze untersucht werden. Nur wenn der Tierarzt keine Hinweise auf Erkrankungen findet, kann man von einem reinen Verhaltensproblem ausgehen.

- **Kommunikation** Wenn fest steht, dass die Katze organisch gesund ist, muss man zunächst anschauen, wie sich Katze und Mensch miteinander verständigen. Das ist sehr wichtig, denn viele Katzenbesitzer sehen ihre Katze als kleinen Mensch mit Pelz, der genau versteht, was man ihm sagt. Also nehmen sie ihre Katze auf den Schoß und erklären ihr, dass es keine gute Idee ist, die Lautsprecherboxen zu ruinieren. Dabei bestehen oft völlig falsche Vorstellungen darüber, was die Katze wirklich versteht. Aber auch umgekehrt gibt es Probleme, und viele Katzenbesitzer verstehen ihre Katze nicht. Katzen verstehen nun einmal nicht automatisch die menschliche Sprache. Die Folgen ihrer Handlungen jedoch verstehen sie sehr gut. Auch Katzen lernen aus ihren Erfahrungen. Am einfachsten kann man sich daher mit einer Katze verständigen und ihr etwas beibringen, wenn man ihr gutes Benehmen belohnt, und wenn unerwünschtes Verhalten für die Katze Nachteile hat. Es klingt ganz leicht: Gutes Benehmen lohnt sich, schlechtes dagegen nicht. Ganz so einfach ist es aber im täglichen Leben leider nicht.

Für die acht Wochen alten Brüder Alex und Paul ist die Welt voller Herausforderungen.

Check

Ursachen für Verhaltensprobleme abklären

- Ist die Katze gesund oder könnte eine Krankheit der Auslöser für das störende Verhalten sein?
- Wie kommunizieren Katzenbesitzer und Katze miteinander?
- Bekommt die Katze genug Zuwendung und hat sie ausreichend Bewegung?
- Wie sieht die Realität im Alltag aus? Kann die Katze die ihr angeborenen Verhaltensweisen ausleben?
- Gibt es Möglichkeiten, dem Problem vorzubeugen?

Missverständnisse

Sie kommen nach einem harten Arbeitstag erschöpft nach Hause, fallen auf die Couch und wollen sich in Ruhe die Nachrichten anschauen. Plötzlich taucht aus dem Nichts Ihre Katze auf, springt Sie an, hackt ihre Krallen in Ihren Knöchel und rast den Flur entlang. Sie springen auf, rennen hinterher, schimpfen und versuchen vielleicht sogar, Ihre Katze mit dem Pflanzensprüher nass zu spritzen. Sie sind fest überzeugt, Sie hätten mit dieser Strafe Ihrer Katze Ihr Missfallen deutlich gemacht. Aber Ihre Katze sieht das vielleicht ganz anders. Sie war den ganzen Tag allein zu Hause und hat sich zu Tode gelangweilt. Jetzt kommen Sie nach Hause und rühren sich nicht mehr. Ihre Katze, die auf ein bisschen Anregung und Zuwendung gewartet hat, hat den perfekten Weg gefunden, Sie auf Trab zu bringen. Für Ihre Katze ist das Ganze also ein lohnendes Spiel und macht einen Riesenspaß. Sie haben, unabsichtlich und ohne es zu wollen, Ihre Katze für ihr lästiges Benehmen auch noch belohnt. Das perfekte Missverständnis.

Noch ein Beispiel: Ein Katzenbesitzer kommt nach Hause und findet auf dem Fußboden im Flur eine Pfütze. Er packt seine Katze, schreit sie an, stupst ihre Nase in die Pfütze und setzt sie anschließend unsanft in ihr Katzenklo. Er ist überzeugt, er habe seiner Katze unmissverständlich klar gemacht, wo sie eigentlich ihr Geschäft verrichten soll. Sie jedoch lernt etwas ganz anderes: Ihr Mensch ist ein unberechenbarer Irrer. Manchmal, wenn er heimkommt, ist er liebevoll und zärtlich. An anderen Tagen dagegen ist er aggressiv und gewalttätig. Das führt bei der Katze zu Misstrauen, Angst und Unsi-

cherheit. Katzen, die sich unsicher fühlen und Angst oder Stress empfinden, äußern diese Gefühle häufig, indem sie nicht auf ihr Kistchen gehen. Wenn man dieses Verhalten nicht richtig einschätzt, sondern auch noch bestraft, entwickelt sich ein Teufelskreis: mehr Strafen – mehr Stress. Mehr Stress – mehr Pfützen in der Wohnung. Mehr Pfützen – mehr Strafen. Anstatt zu strafen sollte man daher lieber den Stresslevel verringern und gutes Benehmen belohnen.

Mit Speck fängt man Mäuse

Viele Verhaltensprobleme lassen sich tatsächlich durch die Belohnung erwünschten Verhaltens lösen. Eine Frau rief mich eines Tages an und klagte, dass ihr Kater Robert sein Katzenklo häufig nicht benutze. Zwar sähe sie ihn manchmal auf dem Kistchen, meist jedoch ginge er irgendwo anders hin. Alle ihre Teppiche seien ruiniert und müssten komplett ausgetauscht werden. Sie bestrafe ihn nur dann, wenn sie ihn auch tatsächlich auf frischer Tat ertappe. Sie war fest überzeugt, er wisse, dass er etwas Böses getan habe. Aus diesem Grund zögerte sie natürlich zunächst, als ich ihr riet, die Bestrafungen sofort ganz einzustellen. Stattdessen sollte sie Robert, wenn sie ihn tatsächlich auf seinem Kistchen beobachtete, überschwänglich loben und belohnen. Da alles andere nichts genutzt hatte und es nicht mehr schlimmer werden konnte, gelang es mir, sie zu überreden, das doch einmal auszuprobieren. Sie versprach, Robert mit frischem Lachs

Zielobjekt eine Maus – oder ein Zeh, der unter der Bettdecke hervorschaut?

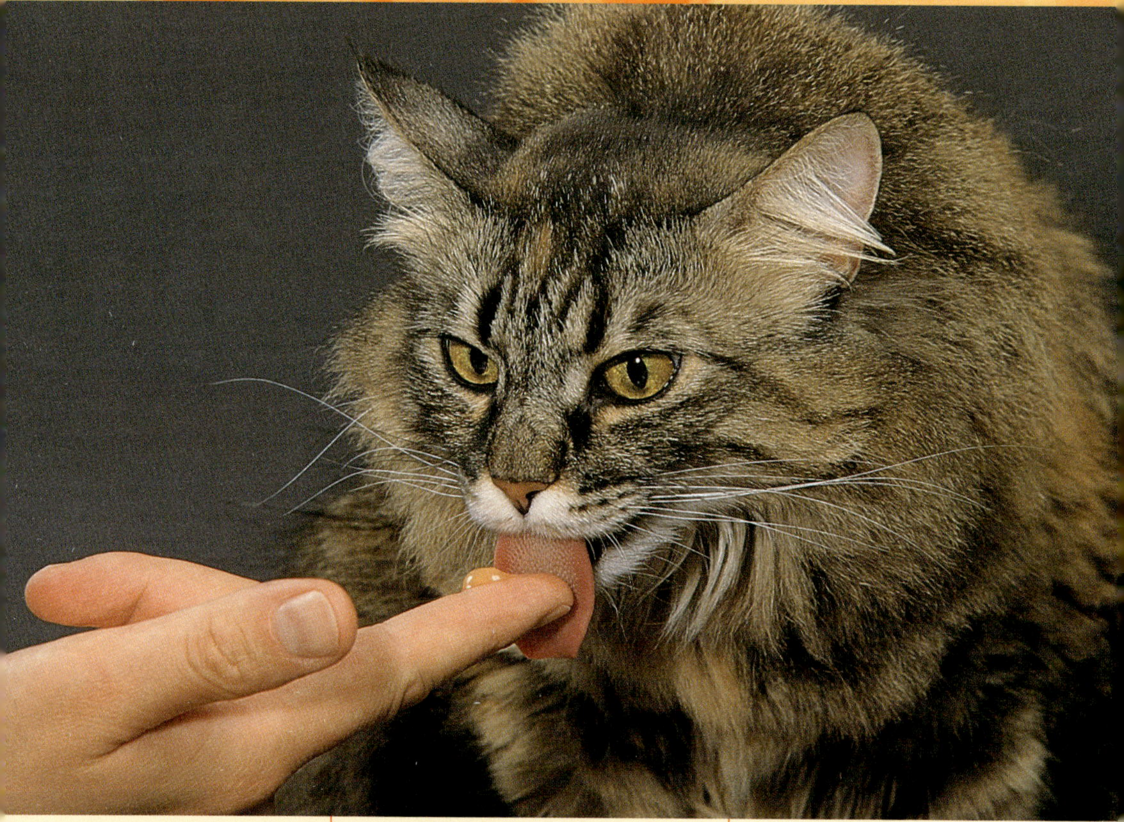

Auch für Katzen lassen sich essbare Belohnungen finden.

zu belohnen, wenn er auf sein Kistchen ging. Wenige Wochen später kam ein Anruf. Eine begeisterte Stimme am anderen Ende sagte nur: „Robert hat tanzen gelernt." Robert, der Kater, der die Teppiche ruiniert hatte, hatte sehr schnell begriffen, dass er nur dann Belohnungen erhielt, wenn sein Frauchen auch merkte, dass er auf sein Kistchen ging. Von diesem Zeitpunkt an begann Robert, sobald er auf sein Kistchen musste, quer durch das ganze Zimmer einen kleinen Tanz aufzuführen.

Zum krönenden Abschluss seines Tanzes landete er abschließend elegant im Katzenklo. Auf diese Weise war er absolut sicher, dass sein Frauchen auch auf ihn aufmerksam geworden war und er tatsächlich seine Belohnung erhielt. Damit war das Problem ohne Strafe gelöst worden.

Wer nicht hören will, muss fühlen?

Wir können uns eine Erziehung ohne Strafen kaum ausmalen. Aber stellen Sie sich vor, Sie möchten einen Delphin lehren, durch einen Reifen zu springen. Ich kann mir das so richtig vorstellen: Spring, oder es gibt was mit der Zeitung auf die Nase! Wie soll das klappen? Auch bei Katzen erreicht man mit Angst kaum etwas. Eine Katze kann man nicht mit Drohen, Beherrschen, Zwang oder Bestrafen erziehen. Man muss vielmehr wissen, womit man sie motivieren kann und sie so dazu locken, etwas Bestimmtes zu tun. Bei „Hierher, oder es geht dir an den Kragen!“ verschwindet sie einfach in der entgegengesetzten Richtung. Bei „Miez-Miez, komm doch mal her!“ und einem Stückchen Lachs wird sie ohne jeden Zweifel sofort zur Stelle sein. Strafen empfehle ich grundsätzlich äußerst selten. Falls doch einmal eine nötig sein sollte, muss es richtig gemacht werden, sonst verschlimmert man das Problem nur. Strafen sollten jedoch niemals bei Unsauberkeit angewendet werden. Mehr zu diesem speziellen Problem im zweiten Kapitel. Aus vielen wissenschaftlichen Versuchen weiß man, dass Strafen nur dann wirklich das gewünschte Ergebnis haben, wenn sie die Anforderungen erfüllen, die Sie im untenstehenden Kasten lesen können. Es ist sehr schwer, diese Anforderungen im täglichen Leben auch wirklich zu erfüllen, d.h. 24 Stunden am Tag und während eines ganzen langen Katzenlebens. Man kann gar nicht jedes Mal zur Stelle sein. Nicht immer, wenn man sieht, wie Muschi Unsinn macht, steht man direkt daneben, und wer weiß schon genau, wie stark die Strafe wirklich sein muss. Wenn sie zu schwach ist, werden immer stärkere Strafen nötig, und das unerwünschte Verhalten hört dennoch nicht zuverlässig auf. Bei einer zu heftigen Strafe ist die Katze am Boden zerstört und hat möglicherweise über Tage oder gar für immer Angst.

Wichtig **W**

Strafen funktionieren nur, wenn sie ...

1. **im richtigen Augenblick erfolgen, d. h. während bzw. am besten sofort zu Beginn des unerwünschten Verhaltens.**
2. **so stark sind, dass das unerwünschte Verhalten auf der Stelle aufhört.**
3. **jedes Mal erfolgen, wenn das unerwünschte Verhalten auftritt.**

Katzenkinder nutzen alles, um im Leben nach oben zu kommen: ein Tischtuch geht genauso gut wie ein Hosenbein!

Jetzt oder nie!

Am wenigsten überschaubar ist die Wirkung von Strafen, die zu spät erfolgen. Das gilt für jede Strafe für etwas, das die Katze schon vor ein paar Stunden getan hat. Oder vor ein paar Sekunden. Eine Katze verbindet eine Strafe mit dem Verhalten, das sie in eben dem Augenblick ausgeführt hat, in dem sie bestraft wird. Wenn Sie also nach Hause kommen und feststellen, dass Ihre Katze die Gardinen zerfetzt oder die Stühle zerkratzt hat und Sie sie nun dafür bestrafen, so bringt sie diese Strafe nur mit Ihrer Rückkehr in Zusammenhang. Sie wird bald nicht mehr zur Begrüßung erscheinen, weil sie Ihre Heimkehr fürch-

tet. Stellen Sie sich vor, Sie hören in der Küche, wie Ihre Katze im Wohnzimmer ihre Krallen schärft. Sie lassen alles stehen und liegen und hasten hin, aber Sie kommen eine halbe Sekunde zu spät. Sie schimpfen Ihre Katze aus, als diese schon vom Sessel hüpft. Sie selbst haben natürlich das Krallenschärfen gemeint, aber Ihre Katze verbindet das Geschrei mit dem, was sie in genau dem Moment getan hat, als das Geschrei angefangen hat. Da nützt es auch nichts, wenn Sie ihr die Kratzspuren auf dem Sessel zeigen und dabei schimpfen. Aber selbst wenn Sie Ihre Katze auf frischer Tat ertappen, merzt die Strafe das unerwünschte Verhalten meist auch nicht aus. Die Katze bringt aber die Strafe auf jeden Fall mit Ihnen in Verbindung und wird daher das unerwünschte Verhalten eben nicht mehr in Ihrer Anwesenheit ausüben, sondern erst, wenn Sie weg sind. Eine meiner Klientinnen bestrafte ihre Katze, wenn diese ihre Krallen an den Möbeln schärfte. Die Katze lernte, dass es Ärger gab, wenn sie sich beim Krallenschärfen erwischen ließ. Daher flüchtete sie jedes Mal und versteckte sich, sobald sie ihre Besitzerin kommen hörte; sie tat das jedoch bald auch dann, wenn sie gerade ihre Krallen am Kratzbaum schärfte. Sie traute sich überhaupt nicht mehr, in Anwesenheit ihrer Besitzerin an irgendetwas zu kratzen.

Wer sich richtig streckt, kommt ans Ziel. Hier lockt der Finger.

Katzen erfolgreich erziehen

Am besten kann man Katzen erziehen, wenn man erwünschtes Verhalten lobt und belohnt. Das geht jedoch nur, wenn Sie auch da sind und sehen, was Ihre Katze tut. Greifen Sie also so selten wie möglich zu Tadel und Strafen. Katzen sprechen darauf nicht besonders gut an, meist werden Probleme nur verstärkt. Man kann jedoch das Verhalten von Katzen auch ganz gut beeinflussen, indem man manche Gegenstände oder Orte besonders einladend gestaltet und andere wiederum unattraktiv

Komm, spiel mit mir!

Anschließend sehe ich mir die Situation im Ganzen an. Häufig beruhen Schwierigkeiten im Zusammenleben darauf, dass die Katze unausgelastet ist. Das kann besonders bei jungen Katzen zu Konflikten führen. Katzen brauchen ein Ventil für ihren Tatendrang, also jagen sie Gespenster, springen die Wände hinauf und turnen über Anrichte und Tische. Dabei werfen sie auch einmal etwas herunter, und es kann Scherben geben. Sie klauen und verstecken Socken oder zerkauen den Küchenschwamm. Manch eine Katze putzt und leckt

Ab dem Alter von acht Wochen nimmt das Spielen mit Objekten zu: eine gute Vorbereitung auf die Jagd.

macht. Wenn eine Katze also das Sofa nicht zerkratzen soll, kann man es so abschreckend machen, dass sie es nicht zum Krallenschärfen benutzen mag. In diesem Zustand sollte es so lange bleiben, bis sich die Katze ihr unerwünschtes Verhalten abgewöhnt hat und ihren eigenen Kratzbaum vorzieht. Sie meidet dann also das Sofa, weil sie es nicht mehr mag, unabhängig davon, ob Sie nun anwesend sind oder nicht. Es hat nichts mit Ihnen als Person zu tun. Auf diesen Punkt gehe ich auf den kommenden Seiten noch genauer ein.

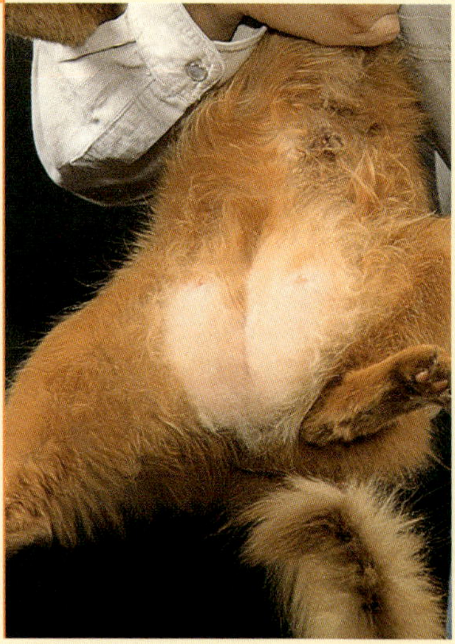

Kein Haarausfall, sondern selbst gemacht. Katzen können sich die Haare aus den verschiedensten Gründen ausreißen: Flohbefall, Schmerzen im Bauchraum – oder einfach Stress.

sich, bis ihre Haut wund ist. Das alles ist aus der Sicht der Katze normal. Als Katze sitzt man eben nicht vor dem Kamin und strickt, lädt Freunde zum Pokern ein oder macht Aerobic. Jeder, auch eine Katze, braucht etwas, auf das man sich jeden Tag von neuem freuen kann, weil es zuverlässig immer wieder stattfindet.

Katzen brauchen Zuwendung Beschäftigen Sie sich also täglich eine Weile mit Ihrer Katze und lenken Sie ihre überschüssige Energie in geordnete Bahnen. Bieten Sie Ihrer Katze Spaß und Spiele, vor allem aber Ihre gesamte Aufmerksamkeit. Es ist nicht unbedingt notwendig, dass Sie jedes Mal ausgelassen mit ihr toben oder sich über einen längeren Zeitraum mit ihr beschäftigen. Für viele Katzen ist es vor allem wichtig, dass man sich eine gewisse Zeit lang einfach ausschließlich ihnen widmet. Je bewegungsfreudiger und unternehmungslustiger Ihre Katze ist, desto länger und anspruchsvoller sollten diese Spielphasen sein, um so den aufgestauten Bewegungsdrang abzubauen. Einer müden und glücklichen Katze fehlt die Energie für Streiche. In den Kapiteln über überaktives und zerstörerisches Verhalten bekommen Sie einige Anregungen für Spiele, die Sie mit Ihrer Katze spielen können.

Erfolgreich Beute gemacht – auch wenn es nur die Spielzeugmaus ist!

Katzen haben Grundbedürfnisse

Als Nächstes überprüfe ich die konkreten Lebensbedingungen einer auffälligen Katze. Katzen sind nun einmal Katzen und haben grundlegende Bedürfnisse. Wenn Sie eine Katze haben, müssen Sie diese Bedürfnisse auch erfüllen. Wenn Sie das nicht tun, wird ihre Katze das irgendwie selbst versuchen. Anstatt also ein bestimmtes Verhalten zu unterbinden, ist es sinnvoller, dieses Verhalten in die richtige Bahn zu lenken. So ist zum Beispiel auch ganz klar, dass Katzen Futter brauchen und eine Toilette. Nur weil unsere Katze unser Frühstück stiehlt, verbieten wir ihr dafür nicht das Fressen; auch Pinkeln wird nicht verboten, nur weil sie einmal in den Schrank gemacht hat. Stattdessen versorgen wir sie angemessen mit Futter und Katzenklo. Das gilt für alle Bedürfnisse unserer Katze. Wenn wir also nicht wollen, dass sie unsere Möbel zerkratzt, ist die Lösung nicht: „Krallenschärfen verboten!“, sondern ein eigener Kratzbaum. Wir zeigen ihr sogar, wie man ihn benutzt. Eine Katze, die Pflanzen mag, könnten wir durch einen kleinen Katzengarten von unseren Pflanzen abhalten. Katzen sind Katzen. Manche Verhaltensweisen kann man einfach nicht abstellen. Es wäre auch nicht fair, das überhaupt zu versuchen. Also packen wir die Sache doch lieber richtig an und lehren sie, wie sie sich in unserem Haushalt benehmen sollte.

Wohlig im Gras wälzen – das kann nur, wer frei laufen darf.

Wenn Katzen können wie sie wollen, gehen sie mehrmals täglich auf die Pirsch.

Vorbeugen ist besser als Heilen

Am besten ist es, wenn man Verhaltensproblemen rechtzeitig vorbeugt. Sorgen Sie also in jedem Fall dafür, dass sich Ihre Katze schlechte Gewohnheiten überhaupt erst gar nicht angewöhnen kann. Es ist viel schwerer, feste Gewohnheiten, die sich eingeschlichen haben, wieder zu ändern. Wer schlechte Angewohnheiten von vornherein meidet, braucht sich auch später nichts wieder abzugewöhnen. Wer niemals geraucht hat, muss keinen Entzug durchmachen und sich damit nicht herumquälen. Es ist unvergleichlich viel einfacher, Problemen vorzubeugen als sie nachher zu beheben. Je früher Sie Ihrer Katze also dabei helfen, gute Sitten zu erwerben und falsche Gewohnheiten zu meiden, desto besser ist dies für alle Beteiligten.

Vergitterte Fenster zur Sicherheit und ein Gefährte zur Abwechslung: So kann man leben!

Hier darfst du toben!

Um schlechten Angewohnheiten vorzubeugen, aber auch um sie in den Griff zu bekommen, kann man eine Katze vorübergehend einsperren. Das ist wie mit einem Laufstall für Babys: Jede Mutter setzt ihr Baby in einen Laufstall während sie kocht, weil sie in dieser Zeit nicht auf ihr Kind achten kann. So kann das Kleine spielen, ohne dabei die Treppe runterzufallen oder sich am Herd zu verbrennen. Eine Mutter weiß, dass ihr Kind ohne Aufsicht nicht allein gelassen werden kann. Warum erwarten wir von einer Katze mehr als von einem Kind? Sollen Katzen unsere Gedanken lesen und von selbst wissen, was sie zu tun und zu lassen haben? Ein Laufstall ist kein Gefängnis, und Kinder gewöhnen sich daran. Sie lernen, sich allein zu beschäftigen und darin zu spielen. Für eine Katze gilt das ebenfalls. Richten Sie Ihrer Katze einen besonderen Platz her, ein „Katzenspielzimmer".

Einrichtung Dieser Raum sollte vergnüglich und angenehm sein. Im Katzenspielbereich sollte nichts sein, was einer Katze schaden könnte und nichts, was Ihnen lieb und teuer ist. Stellen Sie nichts hinein, was Ihre Katze nicht beschmutzen oder zerstören darf. Vermeiden Sie ferner alles, von dem Ihre Katze lieber gar nicht erst lernen soll, dass man es benutzen könnte, sei es zum Kratzen, Schlafen, Spielen oder darauf Herumkauen. Man braucht zwei oder mehr Kratz- und Kletterbäume, Schlafplätze, Katzenklos, Futter- und Wasserschälchen und jede

Echter Efeu ist giftig. Aber auch Plastikpflanzen werden manchmal angeknabbert und sind dann höchst unbekömmlich.

Menge Spielzeug. Das Ganze soll ein Spielplatz und kein Gefängnis werden. Wir brauchen es auch nur vorübergehend, und zwar so lange, bis man dem Kätzchen beim freien Herumtoben in der ganzen Wohnung trauen kann.

Sinn des Spielzimmers Gewöhnen Sie Ihre Katze langsam an das Spielzimmer und verbringen Sie hier Zeit mit ihr. So lernt sie, sich in ihrem eigenen kleinen Reich wohl und geborgen zu fühlen. Stecken Sie sie nicht einfach hinein, bevor Sie weggehen, sie braucht natürlich Beschäftigung. Sie soll ja auch nicht für immer darin bleiben, sondern nur so lange, bis man sie ohne Sorge im ganzen Haus frei laufen lassen kann. Das Spielzimmer dient also der Vorbeugung: So kann man verhindern, dass das ganze Haus zum Katzenklo wird, bis die Katze gelernt hat, zuverlässig ihr Kistchen aufzusuchen. Bei Kindern ver-

Wichtig W

Katzen kurzzeitig einsperren
Es gibt vier gute Gründe dafür, eine Katze vorübergehend einzusperren:

1. **Es schützt Ihre Katze. Ein Kätzchen weiß nichts von giftigen Pflanzen und Chemikalien oder dass Elektrokabel tödlich sein können.**
2. **Es schützt Ihre Einrichtung. Ihre Katze kann das Sofa nicht zerkratzen, weil das Sofa nicht im Katzenspielzimmer steht.**
3. **Es erleichtert das Erlernen von guten Sitten.**
4. **Es beugt schlechten Angewohnheiten vor und hilft, sie abzugewöhnen.**

Dieser Blick zeigt höchstes Interesse. Da gibt's was zu Fangen – fertig zum Start!

wendet man Windeln, bis sie ordentlich aufs Töpfchen gehen. Wenn wir bei Kindern einem Missgeschick vorbeugen, warum also nicht auch bei Katzen? Einsperren dient nicht nur dazu vorzubeugen, sondern es erleichtert es auch, der Katze wieder gute Umgangsformen anzugewöhnen. Wenn der einzige zum Kratzen geeignete Gegenstand im Zimmer ein Kratzbaum ist, dann lernt eine Katze, ihn auch zu benutzen, einfach deshalb, weil es außer dem Kratzbaum nichts anderes zum Krallenschärfen gibt. Je öfter sie dann statt des Sofas ihren Kratzbaum tatsächlich benutzt, desto eher ist das Sofa in Vergessenheit geraten.

Katzen sind eben Katzen

Wenn wir Katzen als Katzen akzeptieren und verstehen, warum sie das tun, was sie tun, wird unser Zusammenleben sicherlich zufriedener und glücklicher verlaufen. Probleme entstehen dann, wenn wir unsere eigenen Werte und Vorstellungen auf Katzen übertragen und zu viel von ihnen erwarten. Natürlich wollen wir nicht, dass Katzen unser Eigentum zerstören. Umgekehrt bin ich genauso sicher, dass auch Katzen nicht gern das durchmachen, was wir ihnen manchmal zumuten. Eine Katze liebt Strafen genauso wenig wie wir es schätzen,

wenn unsere neuen Möbel ruiniert werden. Ein Katzenbesitzer jedoch, der nicht weiß, warum seine Katze ihre Krallen an den Möbeln schärft oder neben ihr Katzenklo pinkelt, verliert schnell die Geduld und bestraft seine Katze. Damit macht er jedoch nur seinem Ärger Luft.

Katzen haben kein Schuldbewusstsein Ich höre immer wieder von Katzenbesitzern, dass die Katze ja weiß, dass sie ungezogen war. Davon sind viele Menschen wirklich überzeugt und rechtfertigen damit die Strafe. Tatsächlich hört eine Katze, die man zurechtweist, meist auch sofort mit ihrer Tätigkeit auf oder flüchtet sogar. Das ist jedoch kein Beweis dafür, dass die Katze weiß, dass sie unrecht getan hat. Der Grund, warum sie mit ihrer Tätigkeit aufhört oder gar flüchtet, besteht darin, dass ein strenger, schimpfender Mensch für ein so kleines Tier einfach Angst erregend ist. Einen solchen Menschen behält man besser im Auge oder geht ihm erst einmal sicherheitshalber aus dem Weg. Obwohl Katzen also erkennen können, ob ein Verhalten ihnen zum Vorteil oder zum Nachteil gereicht, wird eine Verbesserung des unerwünschten Verhaltens durch eine Strafe meist leider nicht bewirkt. Katzen wird der Zusammenhang zwischen Verhalten und negativen Folgen zwar dann eindeutig klar, wenn Verhalten und Folgen zeitlich unmittelbar zusammenhängen, aber sie haben, wie alle Tiere, kein Schuldbewusstsein. Probleme im Verhalten können wir eigentlich erst dann erfolgreich lösen, wenn wir verstehen, warum eine Katze etwas tut. Andernfalls besteht die Gefahr, dass wir unsere Katze womöglich mit Strafen quälen, nur unsere Zeit verschwenden und zum Schluss das Tier verzweifelt weggeben, weil das Problem einfach nicht verschwinden will.

Schönheit und Ruhe täuschen – hier liegt ein auf das Jagen spezialisiertes Lebewesen.

Check

Was bei Verhaltensproblemen bedacht werden muss

Gesundheit
Zuerst muss unbedingt abgeklärt werden, ob eine körperliche Ursache dem veränderten Verhalten zugrunde liegt.

Verständigung
Katzen lernen aus den Folgen ihres Verhaltens. Die meisten Probleme kann man lösen, indem man erwünschtes Verhalten und gutes Benehmen belohnt. Tadel und Strafen verschlimmern die Sache meist.

Bedürfnisse
Katzen brauchen sowohl Bewegung als auch geistige Anregung. Sie brauchen liebevolle Zuwendung und Aufmerksamkeit. Eine zufriedene und ausgelastete Katze hat es nicht nötig, Stress, überschüssige Energie und Langeweile durch für uns unangenehme Verhaltensweisen abzubauen.

Tägliches Leben
Man kann die normalen Verhaltensweisen einer Katze in Bahnen lenken, die für einen herkömmlichen Haushalt erträglich und für die Katze akzeptabel, ja sogar vergnüglich sind.

Vorbeugen
Es ist sehr viel einfacher, Verhaltensproblemen vorzubeugen, als sie zu kurieren. Je früher Sie also Ihre Katze an gutes Benehmen gewöhnen, desto besser.

Territorialverhalten

Oft beruht unerwünschtes Verhalten, sei es Unsauberkeit und Markieren, sei es das Zerkratzen von Möbeln, tagelanges Verkriechen unter dem Bett oder auch ernste Kämpfe auf dem bei Katzen stark entwickelten Territorialverhalten. Katzen legen derartig viel Wert auf ihr Territorium, dass mancher Katze eine vertraute Umgebung wichtiger ist als der Besitzer selbst. Es kommt sogar vor, dass eine Katze nach einem Umzug versucht, nach Hause zurückzulaufen. Als ich noch studiert habe, war es üblich, dass wir Studenten immer mal wieder die Wohnung wechselten. In vielen dieser Studentenbuden lebte eine Katze, und Teil des Mietvertrages war, sich um die Katze zu kümmern. Wenn man dann schließlich umzog, blieb die Katze zurück, egal wie sehr sie einem ans Herz gewachsen war. Die Katze gehörte eben zu dieser Wohnung. Wir selbst sind aber auch nicht weniger territorial. Wir sichern unser Eigentum mit Schildern und Zäunen. Schlösser an Türen und Alarmanlagen in Autos sind zum Schutz von Heim und Besitz gedacht. Auch wir wollen Eindringlinge fernhalten und uns sicher fühlen und finden das richtig. Aber sobald eine Katze sich territorial verhält, ärgert uns das und wir ziehen sofort falsche Schlüsse: Sie ist doch wirklich boshaft! Sie ärgert sich. Sie will sich nur rächen, wahrscheinlich aus Eifersucht! Wenn Katzen sprechen könnten, würden wir wahrscheinlich Erstaunliches zu hören bekommen. Ein Zaun um unser Grundstück, um die Nachbarskinder auszusperren, würde sie wohl zum Lachen reizen: „Die muss man sich mal ansehen, diese komischen Menschen! So viel Mühe für einen Zaun! Deutliche Urinmarkierungen am Rand ihres Territoriums wären doch viel einfacher." Katzen und Menschen sind verschieden: Katzen haben andere Probleme als

Kratzspuren an senkrechten Objekten sind sowohl eine sichtbare als auch eine geruchliche Markierung.

Genaue geruchliche Überprüfung: Wer war vor mir hier?

Menschen und lösen sie anders. Es ist wichtig, dass wir uns das klar machen. Wir wollen ja mit ihnen leben. Anstatt sie dafür zu bestrafen, dass sie sich wie Katzen verhalten, helfen wir ihnen lieber bei der Anpassung an unsere Lebensweise. Sie sind nun einmal, was sie sind: Katzen – und keine Menschen.

Geruchssinn Das gesamte Verhalten von Katzen und natürlich auch das Territorialverhalten wird stark durch den Geruchssinn geprägt. Sie sind bei ihrer Geburt zwar blind und taub, erkennen aber schon vieles am Geruch, weil sie von Anfang an einen guten Geruchssinn besitzen. Wenn man sie beim Nuckeln von ihrer Mutter wegzieht, so krabbeln sie jedes Mal an dieselbe Zitze zurück, ihre eigene persönliche Zitze. Das Kätzchen erkennt diese Zitze am Geruch. Wenn man nun die Kätzchen von der Mutter entfernt und deren Bauch abwäscht, um so den Geruch zu entfernen, so erkennen die Kätzchen diese „eigene" Zitze nicht mehr. Das führt zu einer solchen Verwirrung, dass es sogar zu Kämpfen zwischen den Kätzchen kommen kann, weil sie ihren persönlichen Platz an der Milchbar nicht finden können. Katzen identi-

fizieren ihr Territorium am Geruch. Der Begriff "Territorium" kann dabei alles mögliche umfassen: die Zitze der Mutter ebenso wie andere Katzen, Hunde und Menschen, aber auch Gegenstände und Möbel des Hauses, in dem eine Katze lebt.

Hier riecht's nach Ärger Eine Katze kann alles Neue und Fremde als beunruhigend empfinden, sei es nun eine andere Katze, Besuch oder ein neuer Stuhl. Ich kannte eine, die jedes Mal die Post mit einem Eingangsstempel aus Urin markierte, sobald sie durch den Einwurfschlitz in der Tür geworfen wurde. Es war halt etwas, das ins Territorium der Katze eingedrungen war und so mit dem eigenen Geruch markiert wurde. Oder war der „Eingangsstempel" vielleicht als Hilfe für den Besitzer gedacht?

Jacobsonsche Organ Für uns ist es schwer, uns vorzustellen, wie wichtig der Geruchssinn für eine Katze ist, weil wir selbst uns viel mehr auf unsere Augen verlassen. Katzen besitzen sogar ein besonderes, hoch empfindliches Geruchsorgan, das Jacobsonsche Organ, das sich am Gaumen direkt hinter den oberen Schneidezähnen befindet. Eine Katze, die dieses Organ benutzt, sieht aus, als ob sie die Nase rümpft und gleichzeitig in Trance ist, sie „flehmt". Dabei hebt sie den Kopf ein bisschen an, öffnet das Mäulchen leicht, schnellt die Zunge gegen den Gaumen und konzentriert sich völlig auf den Geruch.

Fellpflege Selbst die Fellpflege hat bei einer Katze häufig mit Geruch und Territorium zu tun. Wir glauben, das Lecken des Felles diene der sprichwörtlichen Reinlichkeit der Katze. In Wirklichkeit besitzt es eine ganze Reihe von Funktionen. Das Fell wird Wasser abweisend, weil durch das Lecken die Fettproduktion der Talgdrüsen angeregt wird. Es wird geglättet und isoliert so besser gegen Kälte. Durch die Fellpflege wird der eigene Geruch aufgefrischt. Durch das Belecken anderer Katzen wird der eigene Geruch auch auf diese übertragen. Das Putzen einer anderen Katze kann freundlich gemeint sein, tritt aber auch häufig in einer Form auf,

Post trägt viele fremde Gerüche ins Haus. Manche Katzen schaffen Abhilfe durch einen Spritzer ihres eigenen Urins.

die eher unfreundlich ist, eine Art versteckte Aggression. Katzen, die so beleckt werden, merken das aber schnell und entziehen sich. Katzen putzen sich allerdings außerdem auch, wenn sie ärgerlich, verwirrt oder aufgeregt sind. Das bezeichnet man dann als Übersprungshandlung.

Du sollst nach mir riechen! Der eigene Duft kann auch durch Reiben übertragen werden. Katzen können so Menschen, andere Tiere oder Gegenstände mit dem eigenen Geruch markieren und erkennen daran wieder, was ihnen vertraut ist. Die Duftstoffe dazu stammen aus speziellen Drüsen, die sich unter anderem im Bereich der Schläfen und des Kinns befinden. Reiben ist eine freundliche Geste. Katzen reiben sich an anderen Katzen, Menschen oder anderen Tieren und auch Gegenständen, wenn sie entspannt und einem Gegenüber freundlich gesonnen sind. Eine Katze, die sich danach wieder selbst leckt, schmeckt und identifiziert, woran sie sich gerieben hat, ob das nun ein Hund, der eigene Besitzer oder eine andere Katze war.

Markieren durch Reiben an einer senkrechten Fläche: ein Zeichen von Wohlbefinden und Entspannung.

Betreten verboten! Grundsätzlich haben Katzen also drei Möglichkeiten, ihr Territorium zu identifizieren. Sie reiben sich an Gegenständen und hinterlassen so ihre Duftmarke. Damit markieren sie ihr Gebiet. Es gibt ihnen ein Gefühl der Sicherheit, wenn sie sich am Kühlschrank oder Ihrem Bein reiben. Diese Art der Markierung stellt für gewöhnlich auch kein Problem dar, im Gegenteil: Fast alle Katzenbesitzer, die ich kenne, schätzen es als freundliche Geste. Die beiden anderen Arten jedoch, Markieren durch Urin oder durch Krallenschärfen, können Katzenbesitzer in den Wahnsinn treiben oder dazu, die Katze abzuschaffen. Andererseits gibt es auch dafür Rat.
Den finden Sie in den beiden folgenden Kapiteln.

Willkommen im neuen Heim!

Auch bei der Anschaffung einer neuen Katze sollte man das starke Territorialbedürfnis von Katzen berücksichtigen. Eine neue Umgebung bedeutet für Katzen großen Stress! Alles Bekannte ist plötzlich verschwunden, und die unbekannten Gerüche machen ihr Angst. Daher ist es wirklich wichtig, eine Katze beim Eingewöhnen zu unterstützen. Eine neue Katze braucht Zeit, um sich einzugewöhnen. Haben Sie also Geduld und bedrängen Sie sie nicht. Natürlich möchte man sich sofort mit ihr anfreunden, sie streicheln und mit ihr schmusen, aber vielleicht ist sie noch nicht dazu bereit. Lassen Sie ihr die Zeit, Sie langsam kennen zu lernen. Nehmen Sie es nicht persönlich, wenn sie nicht so schnell bei Ihnen auf dem Schoß sitzt wie Sie das gern hätten. Katzen brauchen Zeit, und je mehr Sie sie bedrängen, desto länger dauert alles.

Erster Schritt: ein Zimmer erkunden Je kleiner das fremde Gebiet ist, an das sie sich gewöhnen muss, desto schneller wird sie sich heimisch fühlen. Bieten Sie ihr daher zunächst ein ruhiges Zimmer an und schließen Sie alle Fenster und Türen. So hat sie als neues Territorium ein überschaubares Gebiet. Je mehr Platz Sie anbieten, desto länger dauert die Eingewöhnung. Kümmern Sie sich nicht weiter um den Neuzugang, und lassen Sie ihm Zeit, sein neues Heim zu erkunden. Drängeln Sie nicht und zwingen Sie ihn zu nichts. Wenn die Katze in einem Katzenkorb ankommt, stellen Sie den am besten in die eine Ecke und setzen sich selbst in die andere. Nehmen Sie sie nicht aus dem Korb. Überschütten Sie sie auch nicht gleich mit Zärtlichkeiten. Wenn es ihr nach Zärtlichkeiten sein sollte, so kommt sie schon von selbst und verlangt danach. Viel-

Erst ein gründlicher Blick in die Runde – dann erst wird der Raum in Ruhe weiter inspiziert.

Mit Rückendeckung kann man eine neue Umgebung sehr viel gelassener in Augenschein nehmen.

leicht will sie ja zunächst überhaupt nicht aus ihrem sicheren Korb heraus. Zwingen Sie sie auch nicht dazu. Andererseits kann es sein, dass sie sofort herausspringt und schnurstracks unter dem nächsten Bett oder Stuhl verschwindet. Lassen Sie sie auch in diesem Fall erst einmal in Ruhe. Sorgen Sie dafür, dass sie im Zimmer ungestört bleibt, und halten Sie Abstand. Kümmern Sie sich einfach um Ihre eigenen Angelegenheiten. Sie können mit sich selbst sprechen oder leise Musik hören, aber kümmern Sie sich nicht um die Katze. Die braucht zuerst Zeit, um alles zu beobachten und sich an die neuen Geräusche und Gerüche zu gewöhnen. Stellen Sie das Katzenklo in die Nähe des Versteckes Ihrer Katze. Dasselbe gilt für Futter- und Wassernäpfe. Allerdings sollten diese nicht zu dicht am Katzenklo stehen. Bauen Sie den Kratzbaum auf, und verteilen Sie ein paar ihrer Spielsachen auf dem Boden.

Mit Leckerbissen locken Überlassen Sie die Initiative beim Kennenlernen lieber der Katze. Sie können das Ganze allerdings beschleunigen: Überzeugen Sie sie mit Leckerbissen, die Sie einfach gut sichtbar herumliegen lassen. Bieten Sie ihr nichts direkt an, und fassen Sie nicht nach der Katze, wenn sie nicht von selbst zu Ihnen kommt. Das könnte sie verschrecken und so die Eingewöhnungszeit verlängern. Die Leckerbissen sind dazu gedacht, die Katze zu ermuntern, sich Ihnen schneller zu nähern – nicht umgekehrt.

Zweiter Schritt: vom Zimmer zur Wohnung Sobald sich die Katze eindeutig an Sie und ihr neues Zimmer gewöhnt hat, können Sie die Tür offen lassen und ihr damit den Zugang zum Rest des Hauses oder der Wohnung ermöglichen. Auch hier sollten Sie sie nicht zwingen, das Zimmer zu verlassen. Lassen Sie ihr die Zeit, die sie braucht. Wahrscheinlich wird sie nachts auf Erkundung gehen, wenn Sie schlafen, sodass Sie es nicht einmal merken. Legen Sie einfach ein paar gute Häppchen vor die Tür. Wenn

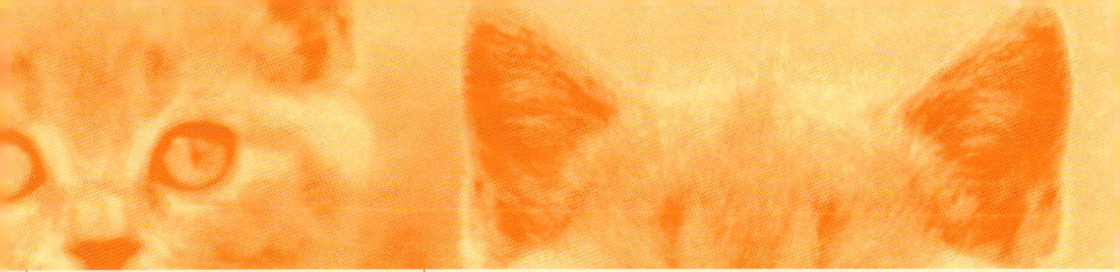

diese morgens weg sind, wissen Sie, dass Ihre Katze sich zumindest so weit herausgewagt hat. Die „Köder“ können Sie dann jede Nacht ein bisschen weiter von der Tür entfernt auslegen. Lassen Sie sie nach Belieben kommen und gehen. Wenn ihr im Rest des Hauses etwas unheimlich ist, kann sie kurzerhand zurück in ihr Zimmer flüchten und wieder Mut schöpfen, ehe sie sich von neuem hinauswagt. Früher oder später wird sie sich im gesamten Haus wohl fühlen.

Katzenklo umstellen Jetzt ist der Augenblick gekommen, an dem Sie Katzenklo, Futter- und Wassernäpfchen an einem Ort aufstellen können, der Ihnen persönlich besser passt. Aber sorgen Sie dafür, dass das Katzenklo nicht von einem Tag auf den anderen von seiner ursprünglichen Stelle verschwindet und ganz woanders wieder auftaucht. Besser sind jetzt zwei oder gar drei Kistchen, von denen erst dann eins verschwindet, wenn Ihre Katze ganz sicher weiß, wo die anderen stehen und sie auch benutzt. Lieber ein benutztes Kistchen an einer Stelle, die Ihnen nicht so gelegen ist, als eine Pfütze auf dem Teppich oder ein Häufchen im Schrank.

Findelkatze

Eine meiner Klientinnen fand in einem Lagerraum bei ihrem Geschäft einen streunenden Kater. Sie nahm ihn auf und quartierte ihn im Gästezimmer ein. Wir wussten überhaupt nichts über ihn. Jeden Tag brachte sie ihm Futter und reinigte das Katzenklo. Es dauerte Wochen, bis er das erste Mal den Kopf unter dem Bett hervorstreckte. Genau genommen war der einzige Beweis für seine Anwesenheit das Futter, das jeden Morgen verschwunden und das Katzenklo, das benützt worden war. Als er endlich das erste Mal hervorschaute, war sie so begeistert, dass sie auf ihn zuging, um ihn zu begrüßen. Er fauchte und verschwand wie der Blitz wieder unter dem Bett. Es dauerte weitere zwei Wochen, bis er wieder einen Blick riskierte.

Beobachten aus einem sicheren Versteck – und keiner sieht einen, wenn die Ohren ganz flach sind.

Wer macht den ersten Schritt? Dieses Mal nahm sie keine Notiz von ihm, begann aber, mehr Zeit im Gästezimmer zu verbringen. Sie las, hörte Musik oder telefonierte, während er sie heimlich beobachtete. Zwei Wochen später traute er sich tatsächlich ganz heraus, beschnupperte ihr Bein und rieb sich kurz daran, bevor er wieder unter das Bett zurückflitzte. Sie ignorierte ihn auch bei seinen weiteren Ausflügen. Von Mal zu Mal dehnte er sie ein bisschen mehr aus. Es dauerte jedes Mal ein bisschen länger, ehe er wieder verschwand. Wir beschlossen, als Nächstes solle sie sich auf den Fußboden setzen und Käsestückchen um sich herum verteilen. So würde er bei seinem Erscheinen auch noch besondere Leckerbissen vorfinden. Wie erwartet, schnappte er sich die Käsestückchen und verschwand damit. Nach einer Weile blieb er sitzen, um seine Leckerbissen zu genießen. Ein paar Wochen später erwartete er sie an der Tür, und ab da ging es mit der Entwicklung der Beziehung rasch voran: Er war endlich überzeugt, dass von ihr keine Gefahr drohte, und damit stand ihrer Freundschaft nichts mehr im Weg. Er begann ihr aus der Hand zu fressen, und sie durfte ihn sogar streicheln. Inzwischen hat er sich völlig eingewöhnt und mittlerweile ihre drei anderen Katzen kennen gelernt. Er hat sich mit ihnen angefreundet und darf im ganzen Haus frei laufen.

Geduld ist wichtig Ein Happy-End, aber es hat insgesamt mehr als ein halbes Jahr gedauert. Es war ein

Reisefertig – Paul stellt sicher, dass er nicht vergessen wird!

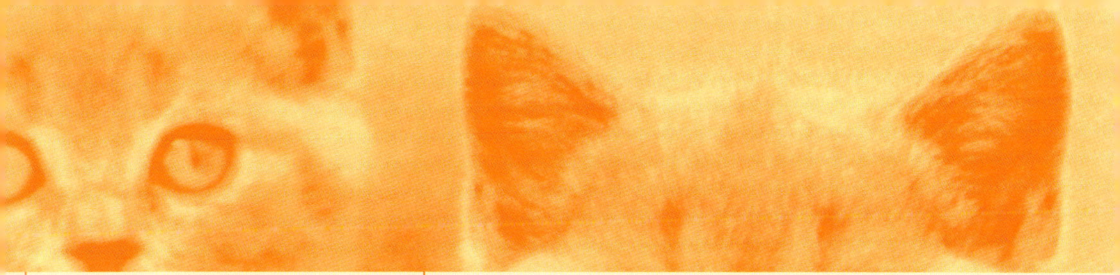

außergewöhnlicher Fall, und die Besitzerin hat so ziemlich alles richtig gemacht. Die meisten Leute hätten wohl nicht so viel Geduld aufgebracht und den Kater schon viel früher als hoffnungslosen Fall abgeschrieben. Im Gegensatz zu ihm brauchen die meisten Katzen zum Glück nicht ganz so lange, um sich einzugewöhnen. Es fällt ihnen aber in jedem Fall leichter, wenn man Verständnis für sie aufbringt und nicht auf die Schnelle etwas erzwingen will.

Pack dein Zeug, wir ziehen um!

Bei einem Umzug mit einer Katze, mit der Sie schon seit Jahren Ihr Leben teilen, geht man ähnlich vor wie bei der Eingewöhnung einer neuen Katze. Aber ob es sich nun um eine neue Wohnung oder eine andere Stadt handelt – es wird alles viel schneller gehen. Die Katze kennt Sie ja schon und muss sich nur an die neue Umgebung gewöhnen.

Eine neue Wohnung kennen lernen Sie helfen Ihrer Katze bei der Eingewöhnung, indem Sie das Katzenzimmer schon herrichten, bevor die Katze kommt. Möblieren Sie das Zimmer mit lauter bekannten Gegenständen. Möbelstücke mit Ihrem und dem Geruch Ihrer Katze sind am besten geeignet und sorgen dafür, dass sich die Katze sofort heimisch fühlt. Verbringen Sie mit ihr mehr Zeit als sonst. Damit vermitteln Sie ihr während der ersten Zeit – ungefähr einen Monat lang durch Ihre Nähe ein Gefühl von Sicherheit und Geborgenheit.

Die neue Umgebung entdecken Katzenbesitzer, die umziehen und Ihre Katze sofort nach draußen lassen, laufen Gefahr, sie nie wiederzusehen. Manche Katze ist damit einfach überfordert. Ermöglichen Sie Ihrer Katze, sich erst völlig an die neue Wohnung zu gewöhnen, ehe Sie ihr zumuten, sich draußen zurechtzufinden. Lassen Sie sie den Hof erst einmal von der Veranda aus in Augenschein nehmen, bevor sie ganz allein nach draußen darf. Machen Sie mit ihr an der Leine kurze Ausflüge in den Garten. Wenn Sie dabei immer wieder ins Haus zurückgehen, lernt Ihre Katze den Rückweg ins Haus auswendig. Katzen, die erschreckt werden oder Angst haben, versuchen, sich möglichst schnell in Sicherheit zu bringen. Dabei können Katzen in einer unbekannten Gegend die Orientierung verlieren, selbst wenn sie nur zwei Häuser weit von „ihrem“ Haus entfernt sind. Haben Sie jedoch mit

Ihrer Katze von allen Ecken des Gartens aus den schnellsten Rückweg geübt, wird Ihre Katze im Notfall wahrscheinlich zu Ihnen ins Haus flüchten und nicht kopflos aus dem Garten rennen. Jede Katze sollte daher lernen, auf Kommando herbeizukommen. Mit einer Katze, die das gelernt hat, kann man die Fluchtwege von draußen ins Haus sogar noch besser üben. Rufen Sie sie während der Eingewöhnungsphase immer mal wieder aus dem Garten ins Haus zurück. Außerdem kann man eine Katze, die kommt, wenn man sie ruft, auch leichter mal wiederfinden, falls sie doch einmal verloren gehen sollte.

Auf Kommando herkommen

Katzen lernen eigentlich ganz leicht, auf Kommando herzukommen. Die meisten Katzen, die ich kenne, kommen zum Beispiel sofort, wenn sie einen elektrischen Dosenöffner hören: Es gibt ja was zu essen.

Mit Futter trainieren Benutzen Sie kurzerhand ein Wort oder eine Pfeife, um Ihrer Katze mitzuteilen, dass das Essen bereitsteht. Fangen Sie mit dem Training an, wenn Ihre Katze hungrig ist. Nehmen Sie etwas, was sie besonders gern mag,

In vollem Galopp apportieren – das können auch Katzen. Wer hätte das gedacht!

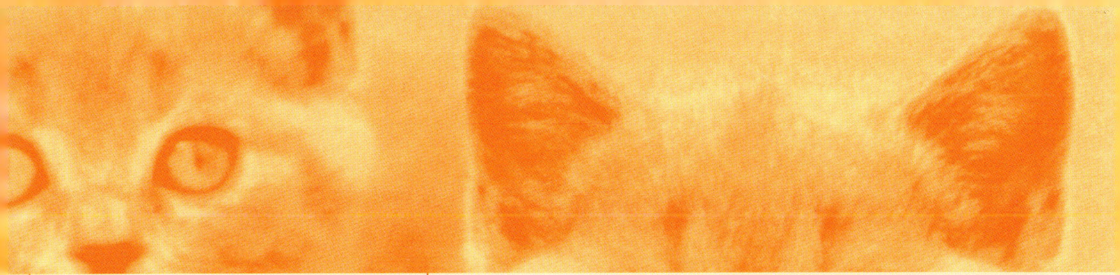

und lassen Sie sie schon mal probieren. Jetzt weiß sie, die Sache wird spannend. Zeigen Sie ihr einen zweiten Bissen, entfernen Sie sich einen Schritt von ihr und rufen Sie sie zu sich. Wenn sie kommt, geben Sie ihr diesen Bissen. Wenn sie nicht kommt, hat sie nicht genug Hunger – machen Sie dann lieber später weiter. Meist allerdings klappt es. Üben Sie das wieder und wieder. Entfernen Sie sich dabei schrittweise immer weiter von ihr. Üben Sie überall im Haus und in jedem Zimmer. Trainieren Sie auch zu zweit, und rufen Sie sie von einem zum anderen. Üben Sie, sie von vor der Haustür hereinzurufen. Rufen Sie sie auch von draußen immer wieder herein, bevor sie zu weit weg ist. Belohnen Sie sie und lassen Sie sie wieder hinaus.

- **Seltener Belohnen** Sobald Ihre Katze begriffen hat, worum es geht, muss sie nicht mehr jedes Mal belohnt werden. Im Gegenteil, sie reagiert besser, wenn sie nur jedes fünfte oder sechste Mal belohnt wird. Als Faustregel gilt: Wenn die Katze jedes Mal kommt, sollte sie nicht immer belohnt werden. Belohnen Sie sie wieder öfter, wenn sie das Interesse zu verlieren scheint. Belohnen Sie sie immer, wenn sie ganz besonders schnell kommt.

Wichtig W

So funktioniert Lernen
Lernen läuft nach bestimmten Regeln ab. Diese Mechanismen liegen in der Gehirnstruktur begründet und haben sich im Lauf der Evolution so entwickelt.

- **Wenn Verhalten belohnt wird, sich also lohnt, wird es öfter gezeigt und wird auch stärker werden.**
- **Damit für ein Tier klar wird, dass sich ein Verhalten lohnt, müssen Verhalten und Belohnung in engem zeitlichen Zusammenhang stehen, d.h. die Belohnung muss innerhalb einer Sekunde erfolgen.**
- **Wenn etwas Neues gelernt werden soll, muss die Belohnung jedes Mal erfolgen.**
- **Wenn ein Verhalten gelernt ist, sollte die Belohnung in unregelmäßigen Abständen erfolgen. Das nennt man eine intermittierende Belohnung.**
- **Was als Belohnung empfunden wird, hängt von der einzelnen Katze und der jeweiligen Situation ab.**
- **Tiere können nicht gut verallgemeinern: Sie müssen ein bestimmtes Verhalten an vielen verschiedenen Orten geübt haben, wenn sie dazu fähig sein sollen, dieses Verhalten auch zuverlässig an verschiedenen Orten auszuführen.**
- **Strafen – Schimpfen oder Schlimmeres – können so viele unerwünschte Nebenwirkungen haben, dass eine Erziehung über Belohnungen meist erfolgreicher ist.**

Vom Baum herab hat man einen guten Überblick – und fühlt sich der Welt gewachsen.

Keine Schachtel ist zu klein – richtig gefaltet passt Max hinein.

Die große Freiheit

Das Freilaufen von Katzen kann man grundsätzlich von mehreren Seiten aus betrachten. Hier bestehen auch Unterschiede in den verschiedenen Ländern. In Deutschland herrscht der Standpunkt vor, dass es außerordentlich schwer ist, einer Katze, die ausschließlich in der Wohnung leben muss, ein artgerechtes Leben zu bieten. In Australien gelten in der Katzenhaltung Gesetze, die das artgerechte Leben von Katzen sehr einschränken, aber zum Schutz der einheimischen wild lebenden Tiere absolut erforderlich sind. Auf jeden Fall ist es für einen selbst beruhigender und für die Katze sicherer, wenn sie nur in der Wohnung lebt. Freilaufende Katzen sind schutzlos den Gefahren unserer modernen Zivilisation ausgesetzt. Außerdem können sie sich mit allen möglichen Krankheiten anstecken und sind Kämpfen mit anderen Katzen ausgeliefert. Es gibt Gebiete, da ist es den Katzen gegenüber fast unfair und gefährlich, sie frei laufen zu lassen. Oft stellen freilaufende Katzen auch ein Ärgernis für die Nachbarschaft dar. Wer akzeptiert schon gern, dass eine fremde Katze den Garten als Katzenklo benutzt? Warum sollte man dauerndes Hundegebell ertragen, bloß weil eine Katze von Zäunen und Dächern aus Hunde ärgert? Es gibt bei Verhaltenstherapeuten ebenso viele Anfragen von Leuten, die Nachbars Katze von ihrem Grundstück fernhalten wollen, wie von Rat suchenden Katzenbesitzern. Oft gilt als Grund, weshalb eine Katze nach draußen darf, dass sie die Gardinen heruntergeholt hat oder nicht stubenrein ist. Da wäre für alle Betroffenen besser, insbesondere für die Katze, wenn man ihr beibringen würde, sich angemessen zu benehmen, anstatt sie einfach vor die Tür zu setzen.

Hier lässt sich's Katze sein!

Wer also seine Katze nicht den Unsicherheiten und der Lebensgefahr draußen aussetzen, aber gleichzeitig vermeiden möchte, dass sie die Möbel ruiniert, sollte auf die Bedürfnisse seiner Katze eingehen und dafür sorgen, dass sie in der Wohnung ein vergnügtes und artgerechtes Leben führen kann.

Ein Jäger in der Wohnung Katzen sind mit äußerst leistungsfähigen Sinnesorganen ausgestattete, hoch spezialisierte Jäger. Sie jagen allein und können sowohl allein als auch in unterschiedlich großen Gruppen leben. Katzen sind jedoch nicht nur Jäger, sondern auch mögliche Beute und daher zum Überleben auf ihre Wachsamkeit und Reaktionsfähigkeit angewiesen. Sie müssen ihre Umgebung aus sicheren Verstecken beobachten können und angemessen und rasch auf die unterschiedlichsten Situationen reagieren. Die Revieransprüche bei freilaufenden Katzen sind abhängig vom Nahrungsangebot und, bei Katern, von der Verfügbarkeit möglicher Fortpflanzungspartner. Kater nutzen ein dreieinhalb Mal größeres Gebiet als weibliche Katzen. Diese Faktoren sollten bei der reinen Wohnungshaltung berücksichtigt werden. Das vorhandene Platzangebot sollte mindestens in einer Zweizimmerwohnung bestehen, in der die Katze zu allen Räumen Zugang hat.

Versteck- und Klettermöglichkeiten Durch Regale, Kletterbäume und Stege kann man die zur Verfügung stehende Fläche weiter vergrößern und hoch gelegene Ruhe-

Wichtig

Artgerechte Haltung
Unter „artgerechter" Haltung versteht man Lebensumstände, in denen ein Tier die ihm angeborenen Bedürfnisse befriedigen kann. Nahrung muss selbstverständlich in der richtigen Beschaffenheit und Menge angeboten werden, ausreichend Platz mit geeigneten Ruhe- und Beobachtungsplätzen vorhanden sein. Auch die Möglichkeit, die angeborenen Fähigkeiten zu nutzen, gehört dazu.

Vom Kratzbaum in das Regal – so haben Rossi und Alex auch in einer kleinen Wohnung viel Raum.

plätze und Verstecke mit einem guten Überblick schaffen. Katzen lieben es, wenn sie, selbst vor Sicht geschützt, ihre Umgebung im Auge behalten können. Bequeme Plätze mit Ausblick zur Außenwelt bieten Abwechslung und die Möglichkeit, sich zu sonnen. Spannen Sie einfach ein Netz vor ein Fenster, dann hat Ihre Katze jederzeit Zugang zu frischer Luft und Tageslicht. Sie können auch einen Auslauf mit einem Zugang durch ein Fenster bauen. Schaffen Sie einen Platz zum Sonnen. Man kann Katzen auch lehren, an der Leine zu gehen. Dann können Sie mit ihr spazieren gehen, auch wenn das nur im Hof sein sollte.

Eins und Eins macht zwei

Eine zweite Katze bietet Abwechslung und erhöht so die Lebensqualität einer Wohnungskatze – vorausgesetzt, die Katzen kommen gut miteinander aus.

Nimm zwei! Am leichtesten wäre, von Anfang an zwei Katzen anzuschaffen, am Besten gleich zwei Geschwister. Das beinhaltet natürlich höhere Kosten, angefangen bei den Anschaffungskosten für die Katzen sowie das erforderliche Zubehör, zum Beispiel Katzentoiletten und Fressnäpfchen. Während des gesamten Lebens der Katzen entstehen entsprechend höhere Kosten für Futter, für die nötigen Impfungen sowie sonstige tierärztliche Leistungen.

Eine weitere Katze dazunehmen
Es ist nicht immer einfach, später eine zweite Katze anzuschaffen. Da besteht die Gefahr, dass die schon im Haus lebende Katze, besonders wenn sie schon mehrere Jahre allein gelebt hat, sich zu einer Einsiedlerin entwickelt hat und keine andere Katze mehr in ihrem Territorium duldet. Um das auszuprobieren muss die Möglichkeit bestehen, den Neuzugang wieder zurückzugeben, wenn die beiden

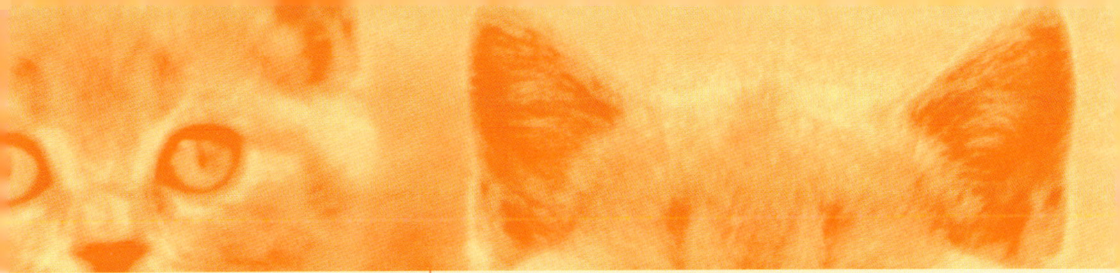

überhaupt nicht miteinander auskommen. Vorzugsweise sollte die Neue an andere Katzen gewöhnt sein. Da sich die meisten erwachsenen Katzen durch ein Jungtier nicht so in ihrer Position bedroht fühlen, ist es im Allgemeinen am einfachsten, wenn man der Erstkatze ein Jungtier zugesellt.

Die „Alte“ nicht vernachlässigen
Grundsätzlich sollten Sie sich beim Eingewöhnen einer weiteren Katze nach der schon vorhandenen Katze richten und das Ganze individuell gestalten. Es bietet sich an, ähnlich vorzugehen wie schon weiter vorn für eine neue Katze beschrieben. Während die Neue sich an Sie und das unbekannte Gebiet gewöhnt, müssen Sie sich den schon im Hause lebenden Tieren länger und intensiver widmen. Sie könnten sich durch den Neuankömmling verunsichert und bedroht fühlen und darauf mit Aggression, Unsauberkeit und Zerstörungswut reagieren. Manche Katzen kommen durch einen Neuzugang so durcheinander, dass sie sogar ihre Koffer packen und auf Nimmerwiedersehen verschwinden. Bereiten Sie also Ihre Katze auf eine solche Änderung vor. Verwenden Sie viel Zeit darauf, ihr gutes Benehmen zu loben und zu belohnen. Manche Katzen reagieren auf eine neue Katze im Haus mit Unsauberkeit. Selbst wenn im

Wer sich gleich Geschwister nimmt, erspart sich mühsames aneinander gewöhnen. Das ist jedoch keine Garantie für ewigen Frieden.

Aneinander reiben – ein Zeichen von Zuneigung und Freundschaft.

Augenblick noch alles in Ordnung sein sollte, sind Sie gut beraten, wenn Sie das entsprechende Kapitel noch einmal in Ruhe durchgehen. Beugen Sie Problemen vor. Meist macht ein Katzenbesitzer so viel Aufhebens um eine neue Katze, dass die anderen sich zwangsläufig vernachlässigt und ignoriert fühlen müssen. Am besten verhalten Sie sich genau umgekehrt. Widmen Sie sich in erster Linie den Katzen, die schon länger bei Ihnen zu Hause leben. Diese Katzen müssen sich vor, während und nach der Ankunft des Neuankömmlings in ihrem Heim absolut sicher und geborgen fühlen.

Kontaktaufnahme per Nase Sobald sich die Neue an das unbekannte Zimmer und an Sie gewöhnt hat, ist es Zeit, die Katzen miteinander bekannt zu machen. Fangen Sie mit dem Geruch an und tauschen Sie Gegenstände aus, die den Geruch der Katzen tragen. So lernt jede der Katzen den Duft der anderen kennen. Auch künstliche Geruchsstoffe können hier mit Erfolg eingesetzt werden, fragen Sie ihren Tierarzt danach. Vertauschen Sie die Unterlagen miteinander, auf denen die Tiere schlafen. Lassen Sie beide Katzen unter der Tür durch einander beschnuppern. Erst wenn die neue Katze an Sie und an ihr neues Gebiet gewöhnt ist, erst wenn die Katzen ausreichend Zeit gehabt haben, sich an den gegenseitigen Geruch zu gewöhnen und erst wenn keine der Katzen mehr den Eindruck erweckt, als ob sie die Tür aufbrechen und die andere umbringen würde, ist es an der Zeit, die Tür offen zu lassen.

Erste Begegnungen Irgendwann wagt sich die Neue langsam heraus und trifft jetzt auf die Hausherrin. Meist erstarren beide bei dieser ersten Begegnung, machen einen Buckel, fauchen, spucken und knurren vielleicht sogar. Dann flüchten beide und bringen sich in Sicherheit. Wenn es zu einem kleinen Streit

Die Beiden halten zusammen – das zeigt schon der enge Körperkontakt.

kommen sollte, kann die Neue in ihr Zimmer flüchten. Die Alteingesessene wird wahrscheinlich nicht folgen, da das Zimmer inzwischen ganz nach der Neuen riecht. Durch die Sicherheit und Vertrautheit ihres Zimmers gewinnt die Neue wieder Mut und wagt sich erneut hinaus. Die meisten dieser anfänglichen Begegnungen können Ihnen ziemlich feindselig erscheinen, aber am besten mischen Sie sich nicht ein. Überlassen Sie es den Katzen, die Sachlage zu klären. Beide werden viel schneller miteinander zurechtkommen, wenn die Situation nicht durch Sie noch komplizierter wird. Was zu tun ist, wenn beide Katzen wirklich aggressiv aufeinander reagieren und sich überhaupt nicht aneinander gewöhnen wollen, lesen Sie auf den folgenden Seiten.

Ich kann dich nicht riechen!

Es kommt auch gelegentlich vor, dass sich zwei Katzen überhaupt nicht aneinander gewöhnen. Das beruht darauf, dass Katzen ebenso gut als Einzeltiere wie in Gruppen leben können. Sie sind physisch und emotional dazu in der Lage. Wie gut eine Katze mit Artgenossen sozialisiert ist, hängt letzen Endes davon ab, ob sie rechtzeitig in ihrem Leben ausreichend gute Erfahrungen mit anderen Katzen hat sammeln können. Aber im Gegensatz zu uns oder zu Hunden brauchen Katzen zum Überleben nicht unbedingt eine Gruppe, sondern kommen ganz gut allein zurecht. Sie besitzen sogar Verhaltensweisen, die dazu dienen, anderen Katzen aus dem Weg zu gehen und sich nicht aus Versehen zu treffen. Für uns ist das schwer zu verstehen, weil wir selbst sozial veranlagt sind. Überdies sind wir von unseren Hunden gewöhnt, dass sie gern andere Hunde und Menschen zum Spielen treffen. Katzen dagegen können einerseits ganz zufrieden in einer Gruppe leben. Viele Katzen, die die Möglichkeit dazu geboten bekommen, greifen gern zu. Andere wiederum leben nicht gern mit einer anderen Katze zusammen. Auch das zählt zum normalen Katzenverhalten. Ihre Katze ist nicht unnormal, bloß weil sie lieber allein lebt und keine anderen Katzen mag. Wenn Sie Ihre Katze für unglücklich halten, weil sie sich mit einer anderen Katze nicht anfreunden mag, rührt das daher, dass wir Menschen unsere Sicht von Glück auf die Katze übertragen. Ich kenne zum Beispiel eine ganze Reihe von Katzenbesitzern mit vier oder fünf verschiedenen Katzen, die sich alle gegenseitig nicht besonders gern mögen. Jede lebt sozusagen in einem Gebiet, das sie selbst zu ihrem Territorium erklärt hat, meist eine Katze pro Zimmer. Damit sind sie zufrieden, und Herrchen oder Frauchen haben akzeptiert, dass diese Katzen nun einmal nicht miteinander spielen oder schmusen. Der Katzenbesitzer spielt mit jeder Katze einzeln, und jede hat selbst alles, was sie braucht: ein eigenes Katzenklo, Spielsachen, Kratzbaum, Schlafplatz und Futternäpfchen. Manchmal treffen sie sich im Gang: Dann fauchen und spucken sie und flüchten zurück in ihr Zimmer. Das ist normales Katzenverhalten und für die Katzen absolut kein Problem. Die Frage ist, ob es für den Besitzer eines ist.

Letzter Ausweg: Trennung Katzen, die dauernd kämpfen und sich überhaupt nicht einigen können, die sich gegenseitig wirklich verletzen und nicht nur aggressive Scheingefechte austragen, sollte man allerdings wirklich endgültig trennen. Alles andere führt nur zu unnötigem Stress für die Tiere und auch für Sie selbst. Wenn Katzen ernsthaft miteinander kämpfen, fangen sie früher oder später auch mit dem Markieren an und werden

Eine Balgerei zwischen Jungtieren – kein Besorgnis erregendes Verhalten.

Ihnen immer mehr Sorgen bereiten. Bei vielen Hunden, die Kämpfe austragen, dauert das erfahrungsgemäß nur so lange, bis ihre Position in der sozialen Gruppe eindeutig ist. Sie brauchen sich gegenseitig, weil Hunde als Gruppe funktionieren. Sie sind sozial veranlagt. Nach ein paar Kämpfen ist die Situation für gewöhnlich geklärt, und das Leben geht weiter. Bei Katzen geschieht es eher einmal, dass das Kämpfen kein Ende nimmt. Die meisten Katzen aber leben ganz gern zusammen und entwickeln enge Bindungen. Sie spielen zusammen und kümmern sich umeinander. Geben Sie ihnen einfach Zeit und Gelegenheit, miteinander ins Reine zu kommen. Das gelingt den Katzen meistens und ist auf jeden Fall die beste Lösung.

Auch Schmusekatzen streiten

Für alle Lebewesen, ob Menschen, Hunde oder Katzen, sind gelegentliche Auseinandersetzungen normal. Es ist also nicht außergewöhnlich, wenn eine oder mehrere Katzen, die zusammenleben, plötzlich einmal raufen. Auch Katzen, die sich gegenseitig sehr mögen, können kurzfristig aneinander geraten. Es wäre unrealistisch zu erwarten, dass Katzen, die sich kennen, immer und jederzeit hundertprozentig gut miteinander auskommen.

Lieber nicht einmischen! Am besten mischt man sich gar nicht ein. Überlassen Sie es Ihren Katzen, die Angelegenheit zu klären. Was im-

mer Sie selbst tun, macht die Sache meist schlimmer. Katzen, die schon lange zusammengelebt haben, sind im Allgemeinen gut befreundet. Es ist nicht sehr wahrscheinlich, dass eine versucht, ihre beste Freundin umzubringen. Sicherlich finden ab und zu während Ihrer Abwesenheit sowieso kleine Auseinandersetzungen statt. Dann können Sie ja auch nichts unternehmen. Bis Sie wieder zu Hause sind, ist in der Regel wieder Ruhe eingekehrt. Also überlassen Sie das Ganze am besten den Katzen.

Missverständnisse als Ursache für Streit Manchmal wird ein Kampf auch durch äußere Umstände provoziert. So kann eine Katze, die aus dem Fenster schaut, durch einen vorbeilaufenden Hund erschreckt werden. Sie macht einen Buckel und faucht gerade in dem Augenblick, in dem zufällig die andere Katze in der Nähe ist. Diese glaubt, das Fauchen wäre auf sie gemünzt und faucht zurück. So faucht eine die andere an, einfach weil man sich missverstanden hat. Ehe man sich versieht, ist jede auf die andere wütend, und keine weiß wirklich, warum. Geben Sie beiden ein bisschen Zeit: Meist lösen die beiden das Problem selbst und sind bald wieder Freunde.

Du stinkst mir! Viele Katzenbesitzer mit mehr als einer Katze haben schon beobachtet, dass eine Katze, die gerade vom Tierarzt zurückkommt, sogar von ihrer besten Freundin ange-

Auch wenn hier eine gewisse Angespanntheit sichtbar ist: Zu zweit ist das Leben einfach abwechslungsreicher.

faucht oder gar angegriffen wird. Das kann sogar dann geschehen, wenn die Katzen eigentlich eng miteinander befreundet sind, einfach weil die Heimkehrerin nach Tierarzt riecht – ganz anders als sonst. Außerdem ist der „Tierarztgeruch“ den meisten Katzen nicht sympathisch. Die Daheimgebliebene, die ihre Freundin wegen des veränderten Geruchs nicht erkennt, behandelt sie wie eine fremde Katze, einen Eindringling, etwas möglicherweise Gefährliches, das in ihr Territorium eingedrungen ist. Die Heimkehrerin versteht diesen unfreundlichen Empfang nicht, und reagiert genauso feindselig. Das alles ist natürlich nicht erstaunlich. Wenn man sich nicht einmischt, bringen die Katzen es meist selbst wieder in Ordnung.

Die beste Lösung: Vorbeugen

Noch besser ist jedoch, von vornherein vorzubeugen. Reiben Sie die Katze mit einem Duft ein, der der Daheimgebliebenen vertraut ist. Dazu könnte man ein Handtuch nehmen, auf dem sie ein paar Tage lang geschlafen hat, oder sonst irgendetwas von ihrem Schlafplatz. Oder Sie nehmen ein Kleidungsstück, das Ihren Geruch angenommen hat. Bei der Begrüßung erkennen beide Katzen einen vertrauten Geruch und fühlen sich dadurch sicher. Eine weitere Möglichkeit wäre, auch die Katze, die gar nicht zum Tierarzt muss, mit dorthin zu nehmen. Allerdings sollten Katzen grundsätzlich möglichst nicht zusammen in einem Korb transportiert werden. Das geht zwar in vielen Fällen gut, oft auch über lange Zeit. Aber manchmal, aus vielleicht für uns völlig unerklärlichen Gründen, wird der Stress durch die Enge und den Transport so groß, dass es im Korb plötzlich Ärger gibt. Ein einziger solcher Zwischenfall kann, wenn man Pech hat, eine gute Freundschaft zwischen Katzen völlig zerstören. Manchmal kann man das wieder in Ordnung bringen, wenn man die Katzen wieder so aneinander gewöhnt, als ob eine der Katzen völlig neu wäre. Es gibt aber auch Fälle, wo das nicht wieder gut zu machen ist. Also lieber vorbeugen als heilen.

Hier ist das gegenseitige Putzen als freundliche Geste gemeint, manchmal ist es auch eine versteckte Aggression.

Hilfe bei Unsauberkeit und

Markieren

Ihre Katze weigert sich, ihr Kistchen zu benutzen? Ihr Kater markiert in Ihrer Wohnung? Unsauberkeit und Markieren sind die häufigsten Probleme, bei denen Katzenhalter professionelle Hilfe aufsuchen. Wie Sie mit diesem unerwünschten Verhalten umge-hen, erfahren in diesem Kapitel.

Katzenklo, Katzenklo ...

Eines der häufigsten Probleme, bei dem Katzenbesitzer Hilfe suchen, ist Unsauberkeit. Ungefähr 75 % aller Katzenbesitzer rufen deswegen an. Falls Sie im Augenblick damit noch keinen Ärger haben, überschlagen Sie dieses Kapitel bitte trotzdem nicht. Meist rufen Katzenbesitzer leider erst an, wenn die Sache schon eskaliert ist. Dabei wäre Vorbeugen viel einfacher und billiger als Heilen. Jetzt können Sie zukünftige Probleme noch vermeiden. Wenn Sie jetzt nichts tun, gehören auch Sie vielleicht irgendwann zu den oben erwähnten 75 %: Plötzlich benutzt Ihre Katze ihr Kistchen nicht mehr!

Mir stinkt's!

Werfen wir zuallererst einmal einen Blick auf das Katzenklo. Der Hauptgrund, weshalb eine Katze ihr Kistchen nicht mehr akzeptiert, besteht darin, dass es vom Standpunkt der Katze aus nicht ausreichend sauber ist. Katzen besitzen einen außerordentlich feinen Geruchssinn. Ihnen als Mensch erscheint das Kistchen sauber, für die Katze dagegen stinkt es zum Himmel! Sie haben selbst bestimmt schon einmal an einer Tankstelle die Toilette aufsuchen müssen. Sie gehen einen Schritt hinein, halten die Luft an und denken mit Sehnsucht an die Büsche am Straßenrand. Sie würden ja gern die vorhandene Toilette benutzen, aber

Sorgfältige Geruchskontrolle der Katzentoilette.

die ist so abstoßend, dass man förmlich gezwungen ist, nach anderen Möglichkeiten Ausschau zu halten. Die meisten Katzenbesitzer, die Rat bei mir suchen, wechseln einmal in der Woche die Katzenstreu. Wenn man bedenkt, wie empfindlich der Geruchsinn einer Katze ist, dann ist das einfach zu wenig. Am schnellsten werden daher auch die ganz besonders reinlichen Katzen unsauber. Wie würde denn Ihnen eine Toilette gefallen, in der lediglich einmal in der Woche gespült wird? Vor allem, wenn Sie da auch noch hineintreten müssen?

Mitten ins Schwarze!

Manche Katzenbesitzer berichten, dass ihre Katze nicht ins Klo trifft. Als ich das zum ersten Mal hörte, konnte ich mir darunter nichts vorstellen. Bei weiterem Nachfragen wurde deutlich, dass die Katze ihr Geschäft ungefähr 10 cm neben dem Kistchen verrichtete. Auch mit einem größeren Katzenklo war diesem Problem nicht beizukommen. Wir alle haben schon einmal eine Katze bei ihrem Geschäftchen beobachtet. Sie gräbt eine kleine Kuhle, trippelt ein bisschen hin und her

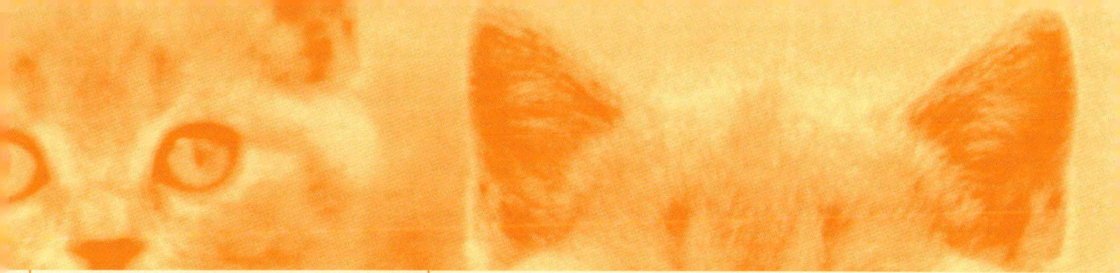

und wählt ihre Position. Und dann: genau in die Mitte! Jedes Mal! Katzen machen nicht aus Versehen daneben. Wenn's daneben ist, war das auch so geplant. Ihre Katze versucht Ihnen mitzuteilen, dass sie ja gern auf ihr Kistchen gehen würde, aber leider ist es zu nass und stinkt.

Zur Auffrischung Das Allerwichtigste ist, das Kistchen sauber zu halten. Für viele Katzen reicht es einfach nicht, einmal täglich den Katzendreck daraus zu entfernen. Lieber etwas weniger Streu und dafür jeden Tag alles frisch! Außerdem sollte das Kistchen regelmäßig heiß ausgewaschen werden. Als Reinigungsmittel sind Neutralreiniger ohne Duft- und Bleichzusätze sowie biologische Waschmittel zu empfehlen. Mit Alkohol kann der Fettanteil des Katzenharns entfernt werden, und durch Abspülen mit verdünntem Zitronensaft, Essiglösung oder enzymatischen Reinigern kann man den Ammoniakgeruch beseitigen. Ich habe tatsächlich einmal beim Kauf von Katzenstreu die Empfehlung gelesen, zur Reinigung der Katzentoilette Ammoniak zu benützen. Bitte tun Sie das auf gar keinen Fall! Reinigungsmittel, die Ammoniak enthalten, riechen für Katzen nach altem Urin.

Mehrere Kistchen

Die Anzahl der Katzenkistchen ist ebenfalls wichtig. Da Katzen Harn und Kot an verschiedenen Stellen absetzen wollen, empfehle ich zwei Kistchen pro Katze. Bei mehren Katzen wäre ein Kistchen mehr, als Katzen vorhanden sind, wünschenswert. Außerdem sollten die Kistchen an verschiedenen Stellen stehen – zwei an derselben Stelle zählen wie eins. Manche Katzen sind äußerst territorial in Bezug auf ihr Kistchen und benützen es vielleicht deswegen nicht, weil schon eine andere drauf war. Es kommt auch vor, dass eine ranghohe Katze das Kistchen gegen andere Katzen im Haus verteidigt. Sie kann sich zum Beispiel einfach ruhig hinsetzen und die Zugänge zum Katzenklo überwachen. Durch dieses Dasitzen und Beobachten

Wo hätte die Katze da auch hintreten sollen? Im Notfall macht sie eben daneben.

kann sich eine andere Katze so bedroht fühlen, dass sie sich nicht auf das Kistchen traut. Eine besonders ängstliche Katze kann auch durch irgendetwas anderes, das im Weg ist und ihr Angst macht, davon abgehalten werden, das Katzenklo aufzusuchen. Eigentlich müsste sie wirklich dringend. Sie schaut aus der Tür des Schlafzimmers und sieht Sie mit dem großen, röhrenden Staubsauger mitten auf dem Weg zum Katzenklo. Ehe sich diese Katze an dem unheimlichen Monster vorbeiwagt, macht sie notgedrungen einfach woanders hin. Bei einem zweiten Kistchen würde das vielleicht nicht passieren. Bei einem zusätzlichen Kistchen steigt auch die Wahrscheinlichkeit, dass eines von beiden den Sauberkeitsansprüchen der Katze genügt. Und wie Katzen halt so sind, können ihre Ansprüche jeden Tag steigen. Das ist Vorrecht der Katzen.

Katzenklos mit Deckel Für Katzen ebenfalls weniger attraktiv sind Katzenklos mit Deckel. Die Vorteile für den menschlichen Besitzer bestehen darin, dass sich der Geruch und auch die Streu selbst weniger in der Wohnung verteilen. Aber der verstärkte Geruch innerhalb des Gehäuses kann natürlich für Katzen abstoßend wirken. Manche Katze sieht sich dann gezwungen, einen anderen Ort aufzusuchen. Der Deckel verhindert außerdem, dass die Katze die Umgebung ausreichend im Auge behalten kann. Für ein Fluchttier wäre das sehr gefährlich – und viele Katzen begeben sich nicht gern in eine so unüberschaubare Lage. In Haushalten mit mehreren Katzen kommt es sogar vor, dass die Benutzerin nicht unbelästigt die Toilette verlassen kann, weil eine zweite Katze sich auf den Deckel gesetzt hat und sie belauert. All das sind Gründe, die zur Vermeidung der Toilette führen können.

Menschen mögen Katzenklos mit Deckel – sie müssen da ja auch nicht hineingehen.

Wo, bitte, geht es zum Klo?

Der richtige Platz Noch etwas sehr Wichtiges: Steht das Kistchen am richtigen Platz? Katzen mögen ihr Kistchen an einem festen Platz, wo sie ungestört sind. Also bitte das Katzenklo nicht an den belebtesten Ort in der Wohnung stellen, auch nicht zu dicht ans Katzenbett oder den Futterplatz. Manchmal beunruhigt eine Katze auch etwas am Kistchen oder seiner Umgebung und hält sie davon ab, es zu benutzen. Ich erinnere mich an eine Frau, die der Katze, als diese auf dem Kistchen war, aus Versehen eine Rolle Klopapier auf den Kopf fallen ließ. In einem anderen Fall drehte jemand die Dusche an, ohne den Vorhang zuzuziehen, und die Katze wurde nassgespritzt, während sie auf der Toilette war. Diese beiden Katzen scheuten sich danach, überhaupt das Bad zu betreten, geschweige denn, ihre Toiletten zu benutzen. Man musste das Kistchen eine Zeit lang vor die Badezimmertür stellen.

Ungehinderter Zugang Es mag sich etwas merkwürdig anhören, aber kann die Katze auch ungehindert zu ihrem Kistchen? Manche Leute stellen das Kistchen möglichst unauffällig in einen Schrank und schließen obendrein die Schranktür. Ein Katzenfreund stellte das Klo jeden Tag woanders hin, um einen Platz zu finden, an dem sein Hund es nicht fand. Der Hund hatte viel Spaß bei der Suche nach dem Kistchen, die Katze weniger.

Manche Katzen benützen wirklich die Toilette – und manche das Wasch- oder das Duschbecken.

Katzenstreu Was die Streu selbst angeht, so hat jede Katze ihre eigenen Vorlieben und Abneigungen. Die meisten Katzen mögen saubere Streu, die gut aufsaugt, sich natürlich anfühlt und auch so riecht. Streu, die – unserem Geschmack zuliebe – mit Zusätzen und Duftstoffen angereichert ist, stößt viele Katzen eher ab.

Für diesen großen Kater wäre ein bequemes Sitzen in diesem Klo nicht möglich. Er erkennt das sofort und geht wieder.

Endlich zufrieden?

Also, Sie haben jetzt ein sauberes Kistchen mit der richtigen Streu am richtigen Platz: ruhig, leicht zugänglich und ungestört. Und nun? Zu Ihrer Enttäuschung wird Ihre Katze das wundervoll saubere und richtig platzierte Katzenkistchen wahrscheinlich noch nicht gleich zu schätzen wissen. Das hat triftige Gründe: Die Katze weiß ja nicht, dass das Kistchen jetzt tatsächlich sauber ist. Die letzten sechs Monate war es nicht so, warum sollte sich das plötzlich geändert haben? Also wird sie nach wie vor dahin gehen, wo sie ein sauberes Plätzchen weiß. Sie hat ja die Erfahrung gemacht, dass Sie jedes Mal sofort putzen, wenn sie hinter das Klavier pinkelt. Dort lassen Sie es natürlich nicht eine Woche lang einziehen. Auch wir reagieren ähnlich: Bei meinen häufigen langen Fahrten habe ich einige Tankstellen kennen gelernt, bei denen ich einfach nicht mehr anhalte. Ich weiß aus Erfahrung, die Toiletten sind dort nicht sauber. Ich werde wohl kaum anhalten, um nachzusehen, ob sich das geändert hat. Selbst wenn sie Schilder aufstellen würden: „Achtung! Unsere Toiletten sind frisch geputzt!" würde ich höhnisch lachend vorbeifahren. Katzen reagieren ähnlich: Sie beäugen das Kistchen, trauen dem frischen Luxus nicht, gehen einen Schritt zurück und suchen sich was Bewährtes.

Kein Zwang! Manche Besitzer rasten aus, wenn sie irgendwo im Haus Pfützen oder Häufchen fin-

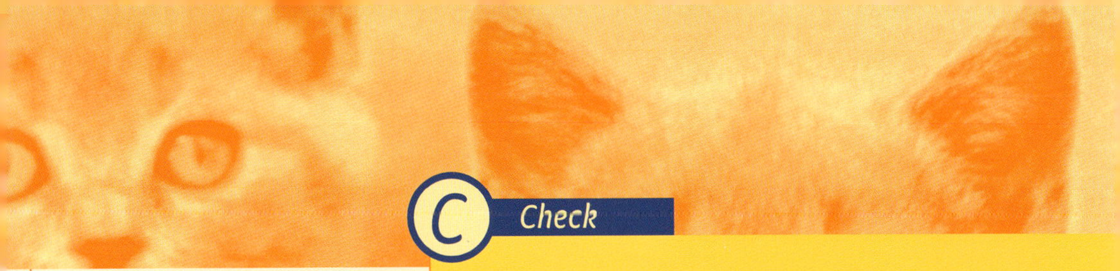

den. Sie schreien, packen die Katze und setzen sie unsanft ins Katzenklo. Manche packen sogar die Pfoten und scharren damit in der Streu. Katzen aber hassen jegliche Art von Zwang. Derart misshandelte Katzen meiden das Kistchen. Sie verbinden das Katzenklo mit unangenehmen Erfahrungen und halten es für ein Folterwerkzeug.

Vom neuen Kistchen überzeugen
Um die Situation zu ändern, müssen Sie Ihre Katze davon überzeugen, dass das Kistchen ein sauberer und angenehmer Platz ist. Nehmen Sie also, wenn Ihre Katze hungrig oder in Spiellaune ist, eine besondere Leckerei oder ihr Lieblingsspielzeug und locken Sie sie zum Kistchen. Stellen Sie sich vor, an den oben erwähnten Tankstellen wären plötzlich Schilder mit der Aufschrift: Jeder, der sich von der Sauberkeit unserer Toiletten überzeugen möchte, erhält 50 €. Das wäre eine Attraktion, der Erfolg wäre programmiert. Die gleichen Prinzipien gelten für Ihre Katze. Fast alle hungrigen Katzen laufen gern einem Stück Geflügel hinterher. Locken Sie die Ihre damit oder mit einem Spielzeug zum Kistchen. Loben Sie sie überschwänglich, wenn sie dort angelangt ist. In kurzer Zeit wird Ihre Katze das Spiel verstehen, und Sie können sie von den unterschiedlichsten Stellen im Haus zu sich und zum Kistchen rufen. Sobald sie an ihrem Kistchen ankommt, loben und belohnen Sie sie. Halten Sie sie besonders von den Stellen fern, die sie in der Vergangenheit beschmutzt hat. Ihre Katze begreift so nicht nur schnell, dass das Kistchen jetzt sauber ist, sondern auch, dass sich der Weg dorthin lohnt. Der nächste Schritt ist dann natürlich, sie auch zu loben und zu belohnen, wenn sie das Kistchen tatsächlich benutzt.

C Check

Wenn Ihre Katze das Katzenklo nicht benützt

- **Bestrafen Sie sie in keinem Fall, das macht es nur noch schlimmer.**
- **Lassen Sie Blase und Niere auf eine Erkrankung überprüfen.**
- **Es sollte möglichst ein Katzenklo mehr geben, als Katzen da sind. Zwei an einer Stelle zählen als ein Katzenklo!**
- **Befinden sich die Kistchen an ruhigen, ungestörten Stellen?**
- **Ist die Streu für Ihre Katze richtig? (möglichst sandartig, also weich)**
- **Hat die Toilette einen Deckel?**
- **Wird die Toilette oft genug gesäubert?**

Für das Geschäftchen loben

Katzen sind von Natur aus reinlich, und daher erwarten wir von ihnen, dass sie dies alles von selbst lernen. Eine Katze lernt aber viel schneller und gründlicher, wenn man sie für ordnungsgemäßes Verhalten lobt und belohnt. Der exakte Zeitpunkt für die Belohnung ist entscheidend. Wenn Sie also den richtigen Moment erwischen wollen, um Ihre Katze zu belohnen, müssen Sie auch anwesend sein, wenn sie aufs Kistchen geht.

Im richtigen Moment zur Stelle Folglich ist ein genauer Zeitplan wichtig. Schließlich können Sie nicht Tag und Nacht daneben sitzen. Die Verdauung einer Katze

Obwohl diese Toilette vor der Glastür nicht optimal platziert ist, wird sie angenommen. Eine Störung von draußen kann das jedoch schnell ändern.

funktioniert wie ein Uhrwerk. Wenn die Mahlzeit täglich zur gleichen Zeit erfolgt, richtet sich auch der Zeitpunkt der Ausscheidungen danach. Sobald Sie erst mal wissen, wann Ihre Katze auf ihr Kistchen muss, können Sie anwesend sein und das ordnungsgemäß verrichtete Geschäftchen auch angemessen loben und belohnen. Ab dann müssen Sie täglich nur noch ungefähr eine Viertelstunde in der Nähe des Katzenklos ausharren, nicht mehr den ganzen Tag. Halten Sie in dieser Zeit auch die Augen besonders offen, um Ihre Katze von den früher verunreinigten Plätzen fern zu halten.

Immer noch Probleme ...

Wenn Sie dennoch weiterhin Schwierigkeiten mit dem Geschäftchen haben sollten, kann es erforderlich werden, Ihre Katze vorübergehend samt Katzenklo, Spielzeug und Schlafplatz einige Zeit auf einen Raum zu beschränken. Dadurch lernt sie schneller, ihr Kistchen zu benutzen. Bleiben Sie zusammen mit Ihrer Katze in diesem Raum, das macht es leichter, auf die Katze aufzupassen und rechtzeitig für die Belohnung zur Stelle zu sein. Das wiederum verbessert die Chancen, dass Ihre Katze ihr Kistchen auch in Ihrer Abwesenheit benutzt. Die meisten Katzen, die die Wahl zwischen Katzenstreu und Fliesen oder Linoleum haben, ziehen normalerweise Katzenstreu vor, weil es den Urin aufsaugt und außerdem die Möglichkeit bietet, Häufchen zuzuscharren.

Prägung auf glatten Untergrund
Es gibt aber auch tatsächlich Katzen, die einen glatten, nicht saugenden Untergrund vorziehen. Das kann darauf beruhen, dass die Katze auf einen solchen Untergrund geprägt ist. Katzenwelpen lernen den Untergrund, der für Ausscheidungen geeignet ist, kennen, wenn sie beginnen, selbstständig Kot und Urin abzusetzen. Dabei werden sie auf diesen Untergrund geprägt. Wenn während dieser Zeit kein Zugang zu geeigneten Plätzen möglich ist, kann eine Prägung auf andere Untergründe stattfinden. Daher gibt es Katzen, die tatsächlich nur auf glatten Flächen (z. B. Duschwanne, Waschbecken oder Fliesen) ihre Ausscheidungen hinterlassen. Manchmal sind Katzen sogar auf Teppichboden geprägt. Mittels einer gezielten Verhaltenstherapie kann man jedoch ein solches Fehlverhalten meist ändern, allerdings ist das eine längere Prozedur.

Ein hoher Rand sorgt dafür, dass die Streu nicht so leicht in die Wohnung getragen wird.

Vorübergehendes Einsperren In der Wohnung kehren Katzen häufig an denselben Platz zu demselben Untergrund zurück, um ihr Geschäft zu verrichten. Wenn man also diese schlechte Angewohnheit unterbrechen will, kann vorübergehendes Einsperren ratsam sein. Eine Katze, die keinen Zugang mehr zu den gewohnten Stellen hat, kann ihre Unart nicht weiter pflegen. Lassen Sie sich von der Vorstellung des Einsperrens nicht gleich abschrecken. Vielleicht haben Sie es schon irgendwann einmal ausprobiert, dabei jedoch schlechte Erfahrungen gemacht. Das kann dann aber daran liegen, wie Sie die ganze Sache angefangen haben. Wenn Sie selbst Einsperren für ein Gefängnisurteil halten, dann haben Sie eigentlich gar keine Chance, es muss fast schief gehen. Sie können es aber tatsächlich für sich und Ihre Katze zu einem positiven und lohnenden Erlebnis machen. Lesen Sie dazu bitte noch einmal das Kapitel über vorübergehendes Einsperren durch, S. 21.

Krankheit als Auslöser für Unsauberkeit

Die Ursache für Unsauberkeit kann aber natürlich auch eine Erkrankung sein. Krankheiten von Niere oder Blase sind bei Katzen nicht ungewöhnlich. Zeichen dafür sind auffallend kleine Pfützen oder Blutspuren, die man sehen kann, wenn Katzen auf kühle Keramikoberflächen pinkeln wie zum Beispiel in Badewannen, Spülbecken oder auf den Herd. Manche Katzen versuchen auch, immer wieder zu pinkeln, allerdings ohne Erfolg. Auch hier gilt: Bei ungewohntem oder verändertem Verhalten bitte daher in jedem Fall zunächst den Tierarzt aufsuchen! Wenn nun eine Krankheit der Auslöser für die Unsauberkeit war, so heißt das jedoch noch lange nicht, dass Ihre Katze das Katzenklo wieder zuverlässig aufsucht, sobald sie wieder gesund ist. Katzen, die beim Urinieren oder Kotabsetzen Schmerzen haben, können diese Schmerzen mit dem Katzenklo in Verbindung bringen. Dann meiden sie das Kistchen, weil das der Ort dieser unangenehmen Erfahrung ist. Oder ihre Katze hat sich schon viel zu sehr daran gewöhnt, woanders hinzupinkeln. Es ist also durchaus möglich, dass Sie Ihre Katze erst langsam wieder von Grund auf zur Stubenreinheit erziehen und an das Katzenklo gewöhnen müssen. Gehen Sie dabei so vor, wie ich es am Anfang dieses Kapitels beschrieben habe: mit Lob und Belohnung für richtiges Verhalten.

Klare Augen, saubere Nase, aufmerksam nach vorn gerichtete Ohren und Schnurrhaare – allem Anschein nach eine gesunde Katze.

Check

Unsauberkeit

1. Es muss sichergestellt sein, dass dem Verhalten keine Erkrankung zugrunde liegt.

2. Das Kistchen muss immer sauber sein. Eine einzige Schlamperei kann die Katze veranlassen, irgendwo anders hinzugehen: Schon müssen Sie mit Ihrer Erziehung wieder ganz von vorn anfangen. Vergessen Sie also nie, das Kistchen sauber zu halten.

3. Sorgen Sie dafür, dass eine ausreichende Anzahl von Kistchen mit der richtigen Streu an geeigneten Orten steht.

4. Loben und belohnen Sie Ihre Katze jedes Mal, wenn Sie sehen, dass sie brav auf ihr Kistchen geht.

5. Am Anfang ist es wichtig, so häufig wie möglich dabei zu sein, um sie rechtzeitig belohnen zu können. Sobald es funktioniert, ist es ebenso wichtig, die Katze immer mal wieder zu loben, denn das motiviert sie, sich weiterhin richtig zu verhalten.

6. Betrachten Sie gutes Benehmen nie als selbstverständlich, sonst müssen Sie vielleicht eines Tages Ihre Katze wieder von neuem an ihr Kistchen gewöhnen.

7. Bei manchen Katzen geht es besser, wenn man sie in diesem Fall in einen Raum einsperrt. Das geschieht jedoch nur vorübergehend, um die Umorientierung zu erleichtern, ihr ihre Unart abzugewöhnen und die eigenen Nerven zu schonen. Wenn man es richtig macht, besteht absolut keine Gefahr für „bleibende Schäden an Leib und Seele".

Um Himmels willen, er markiert!

Die Stubenreinheit von Katzen und die Erziehung dazu betreffen das normale Ausscheidungsverhalten. Katzen hinterlassen jedoch Kot und Urin auch an aus unserer Sicht unerwünschten Stellen, um zu markieren. Dies gehört zu ihrem normalen Sozial-, Sexual- und Territorialverhalten. Klassischerweise sind es meist unkastrierte Kater, die Urin versprühen. Aber auch Kätzinnen und kastrierte Tiere beiderlei Geschlechts markieren. Sie benutzen dazu Kot ebenso wie Urin. Kot wird dazu oft an auffälligen Stellen deponiert, Urin meist an senkrechte Oberflächen gesprüht oder auch in Pfützen hinterlassen.

Markieren gehört zum Territorialverhalten Auf den Seiten 25–28 bin ich auf das starke Territorialverhalten von Katzen eingegangen. Wenn Sie das noch nicht gelesen haben, ist jetzt der richtige Zeitpunkt dazu. Dann können Sie besser verstehen, warum es für Ihre Katze so wichtig ist, ihr Gebiet durch Geruch zu kennzeichnen. Alles Neue in ihrem Gebiet kann dazu führen, dass eine Katze sich unsicher, bedroht und gestresst fühlt, egal ob es sich dabei um einen Menschen, ein Tier oder auch nur um ein Möbelstück oder andere Gegenstände handelt. Eine solche Katze muss sich dann selbst und der ganzen Welt ihr Territorium wieder in Erinnerung zurückrufen.

Punktgenau gezielt wird die Markierung an den dünnen Ast gesetzt.

Ich bin gestresst! Kleinigkeiten reichen aus, um die Gefühle einer Katze durcheinander zu bringen. Zu viele Katzen in einer Wohnung, eine neue Katze in der Nachbarschaft oder ein neuer Hund, Besuch aus einer anderen Stadt, ein Familienmitglied, das verreist – jede Änderung der täglichen Routine oder der gewohnten Umgebung kann das Maß voll machen. Schon geht das Markieren los. Untersuchungen haben gezeigt, dass freilaufende Katzen ihr Häufchen innerhalb ihres eigenen Territoriums meist verscharren, nicht aber unbedingt an seiner Grenze. Anscheinend mar-

Eine Markierung an der Zimmerwand – wenig erfreulich für die menschlichen Mitbewohner.

kieren Katzen auch auf diese Weise. Eine Katze, die plötzlich überall im Haus oder in bestimmten Zimmern Häufchen hinterlässt, fühlt sich also unter Umständen unsicher oder bedroht.

Kastration und Medikamente

Wenn der Übeltäter ein unkastrierter Kater ist, besteht die einfachste Lösung in einer Kastration. Aber auch kastrierte Kater markieren manchmal: Dann kann der Einsatz von Medikamenten sinnvoll sein. Eine Behandlung sollte jedoch genau mit dem Tierarzt abgeklärt werden. In diesem Zusammenhang verwendete Hormone und andere Medikamente müssen unterschiedlich hoch dosiert und verschieden lange angewendet werden. Wie bei allen Medikamenten können Nebenwirkungen auftreten. Kastration und Medikamente brauchen Zeit, um ihre Wirkung zu entfalten. Manchmal wirkt etwas nicht und man muss auf ein anderes Medikament oder eine andere Dosierung übergehen. Viele Katzenbesitzer erwarten, dass die Kastration oder eine Spritze wunderbarerweise über Nacht das Verhalten ändern. Es kann aber in Wirklichkeit mehrere Wochen dauern, bis das passiert. Also haben Sie Geduld und bleiben Sie in Verbindung mit Ihrem Tierarzt. Manchmal kann eine einmalige Behandlung in einer besonders stressigen Zeit im Leben, zum Beispiel bei einem Umzug, einer Katze die Umgewöhnung erleichtern. Sobald sie eingewöhnt ist, wird das Markieren überflüssig.

Tranquilizer einsetzen? Manche Tierärzte empfehlen in derartigen Fällen den Einsatz von Tranquilizern. Aus gutem Grund: Tranquilizer wirken beruhigend, das reduziert den Stress. Ich selbst würde den Tranquilizer aber manchmal am liebsten dem Katzenbesitzer verordnen: Wenn dieser sich ein bisschen mehr entspannen und weniger aufregen würde, wäre ja vielleicht auch das Leben der Katze nicht so stressig. Vor kurzem waren auf meinem Anrufbeantworter drei aufgeregte Anrufe. Eine ganz aufgelöste Katzenhalterin sprach so schnell, dass ich kaum ein Wort verstehen konnte. Anscheinend pinkelte ihr die Katze ins Bett. Beim ersten Anruf vergaß sie, ihre Telefonnummer zu hinterlassen. Eine Woche später vergaß sie ihren Namen, aber ich erkannte die Stimme wieder. Beim dritten Mal bat sie völlig verzweifelt, sie umgehend zurückzurufen. Leider sei sie jedoch nur zu ganz bestimmten Zeiten erreichbar. Dabei wurde noch nicht einmal deutlich, ob es sich um vormittags oder nachmittags handelte. Überflüssig zu sagen, dass ich sie nie erreicht habe, obwohl ich mich ehrlich bemüht habe. Kein Wunder, dass auch ihre Katze Stress hatte!

Menschen machen Fehler

Manchmal verursachen Katzenbesitzer selbst die Unsauberkeit ihrer Katze. Ohne überhaupt zu verstehen, weshalb ihre Katze etwas tut,

Blindes Vertrauen – eine gute Grundlage für ein entspanntes Zusammenleben.

greifen sie zu absurden und zum Teil wirklich grausamen Strafen. Wutanfälle und die falsche Anwendung von Strafen steigern den Stress für die Katze und führen logischerweise zu weiterem Markierungsverhalten. So marschierte zum Beispiel ein Katzenbesitzer, kaum von der Arbeit zurück, schnurstracks zu seiner Stereoanlage. Wenn er auch nur einen frischen Kratzer an den Boxen fand, schnappte er seine Katze, steckte sie unter die Dusche und drehte das Wasser an. Es dauerte nicht allzu lange, und die Katze pinkelte überall im ganzen Haus. Erst als er endlich bei mir anrief, war es möglich, die Situation in den Griff zu bekommen. Er lernte, seine Katze zu verstehen, und hörte daraufhin auf, sie zu bestrafen. Er besorgte einen Kratzbaum, lehrte sie, ihn zu benutzen, und bald gehörten Kratzspuren an den Lautsprechern und Urinmarkierungen der Vergangenheit an.

Schutz für den Korbsessel vor den Folgen von Markierungen – beim Krallenschärfen stört die Alufolie sicherlich. Aber Urin läuft halt einfach auf den Boden.

Bedürfnisse befriedigen Ich bin überzeugt, dass eine Herangehensweise an Probleme, wie ich sie beschrieben habe, mindestens so wirksam wie der Einsatz von Medikamenten ist. Im Grunde geht es wirklich nur darum, dass man sich zwischendurch immer wieder einmal ausschließlich der Katze widmet. Sorgen Sie dafür, dass sie sich in Ihrem Heim glücklich und sicher fühlt, dann kann sie entspannt und selbstsicher ihr Territorium genießen. Spielen und sprechen Sie mit ihr, streicheln und massieren Sie sie. Sie müssen sich nur mit ihr beschäftigen! Sie selbst wissen am besten, was Ihre Katze liebt – tun Sie es einfach! Das hilft viel mehr

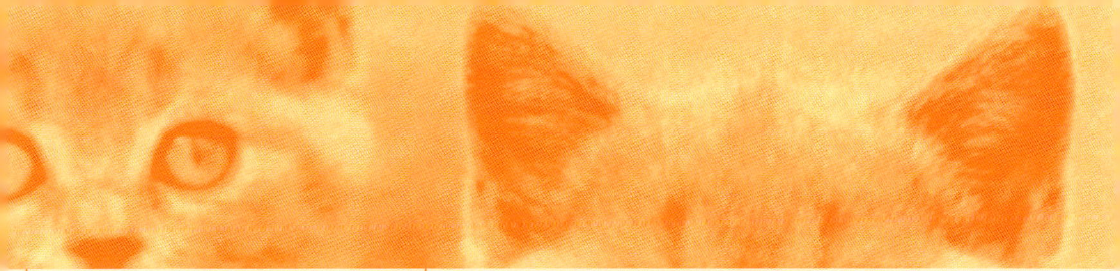

dabei, Stress und Angst zu reduzieren als jedes Medikament. Dazu noch das richtige Futter und ausreichend Bewegung – und schon haben Sie eine glückliche und gesunde Katze. Eine selbstbewusste, zufriedene und entspannte Katze hat es gar nicht nötig, Angst und Stress mit derart extremen Maßnahmen wie Urinmarkieren zu bekämpfen.

Hilfsmittel

Manchmal wird auch empfohlen, Aluminiumfolie oder Futternäpfe dort zu platzieren, wo markiert wird. Angeblich stößt das Geräusch des Urins auf der Folie Katzen ab; außerdem verunreinigen Katzen für gewöhnlich nicht ihren Fressplatz. Diese Vorkehrungen funktionieren manchmal. Es ist auch kein Problem, das auszuprobieren, aber oft markieren Katzen dann einfach woanders. Ein frustrierter Besitzer, der mich eines Tages um Hilfe bat, hatte mittlerweile die halbe Wohnung mit Alufolie abgedeckt und 17 Futternäpfe über die Wohnung verteilt. Oft funktionieren auch diese Maßnahmen nur vorübergehend. Sie befassen sich einfach nicht mit der Wurzel des Problems, den Gefühlen und dem Wohlbefinden der Katze.

Wichtig W

Unerwünschtes Markieren therapieren
Territorialmarkierung ist der Ausdruck des psychischen Zustandes einer Katze. Eine Kombination von Kastration, Erziehung mittels Belohnung und der Verminderung von Stress ist der Schlüssel zur Lösung.

Achtung, Sackgasse!

Eins ist ganz wichtig: Bestrafen Sie niemals Ihre Katze, wenn sie nicht ordentlich auf ihr Kistchen geht. Nicht einmal dann, wenn Sie sie dabei auf frischer Tat ertappen. Jede Strafe steigert ihre Unsicherheit weiter. Sie fühlt sich bedroht und noch stärker gestresst, und all das verschlimmert die Sache nur noch weiter. Schließlich traut sie sich überhaupt nicht mehr, ihr Geschäftchen zu erledigen, wenn Sie irgendwo in Sichtweite sind, und schon können Sie sie nicht einmal mehr belohnen, wenn sie es richtig macht. Erinnern Sie sich noch an Robert, den Kater, der tanzen gelernt hat? Katzen lernen am leichtesten, wenn man sie für ihr gutes Benehmen lobt und belohnt.

Spuren an Sesseln,

Pflanzen und Co

Klettern und Krallenschärfen liegt in der Natur der Katzen. Wohnungskatzen verwenden dazu oft Möbel, Tapeten oder Teppiche und hinterlassen dort unerwünschte Spuren. Manchmal werden auch Zimmerpflanzen angeknabbert. Wie wäre es statt Schimpfen mit einem Kratzbaum und einem eigenen Garten für Ihre Katze?

Hier wetze ich meine Krallen!

Katzen klettern und kratzen gern, genau gesagt: Sie müssen kratzen. Das Krallenschärfen dient ihnen dazu, sich richtig zu strecken, es trainiert die Pfoten und pflegt die Krallen. Überdies wird beim Krallenschärfen das Territorium mit deutlich sichtbaren Kratzspuren markiert und obendrein mit Duftmarken versehen: An den Pfötchen befinden sich nämlich zwischen den Zehen spezielle Drüsen. Katzen benutzen zum Krallenschärfen nicht nur senkrechte, sondern auch waagrechte Flächen. Bei freilaufenden Katzen können das Bäume sein, Zaunpfähle oder einfach auch ein geeignetes Stück Holz, das auf dem Boden liegt. Draußen haben Katzen auch Lieblingskratzstellen, häufig einen bestimmten Baum. Zu diesem kehren sie immer wieder gern zurück. Das geschieht einerseits aus Gewohnheit und andererseits, weil die Markierungen immer wieder aufgefrischt werden müssen. Auch Katzen, die ausschließlich in der Wohnung leben, haben Lieblingsstellen. Unter anderem sind Türrahmen sehr beliebt, Sofaecken oder auch die Stereolautsprecher. Aber der Perserteppich tut es auch, die Armlehne des Sessels oder einfach die Raufasertapete an der Zimmerwand.

Unerwünschtes Kratzen verhindern

Lieblingsplätze nutzen Diese Vorliebe für eine bestimmte Stelle zum Krallen schärfen kann man auf verschiedene Weise nutzen. Eine Möglichkeit besteht darin, die Stellen, die die Katze gern benutzt, so zu präparieren, dass die Möbelstücke nicht weiter beschädigt werden können. Das geht, indem man entsprechend bespannte Holzstücke an diesen Stellen befestigt. Eine andere Möglichkeit wäre, der Katze an derselben Stelle etwas anderes anzubieten und sie daran zu gewöhnen, zum Beispiel an einen Kratzbaum. Angenommen, sie benutzt Ihre Couch. Schieben Sie diese also jetzt vorübergehend einfach woanders hin. Der Kratzbaum kommt nun genau dahin, wo sich die Stelle an der Couch befunden hat, an der Ihre Katze immer die Krallen geschärft hat. Für manche Katzen ist die Stelle so wichtig, dass sie jetzt den dort stehenden Kratzbaum benutzt und das Sofa in Ruhe lässt.

Hilfsmitteln einsetzen Sicherheitshalber kann man der Katze aber zusätzlich das Kratzen an der Couch mit diversen Hilfsmitteln verleiden. Bedecken Sie dazu die Stelle des Sofas, die zum Schärfen der Krallen gedient hat, mit etwas, das Ihre Katze nicht mag, vielleicht mit Aluminiumfolie oder Klebeband. Katzen mögen es auch nicht besonders, wenn ihre Krallen hängen bleiben. Netzartige Materialien retten daher manchmal Objekte vor dem Krallenschärfen, z. B. Mull. Sie können auch ein Handtuch, das einen Duft trägt, der Ihrer Katze unangenehm ist, zum Beispiel Citrus oder Menthol, verwenden oder sonst irgendetwas, von dem Sie wissen, dass Ihre Katze es nicht mag. Aber gleichzeitig, während Sie Ihrer Katze einen bestimmten Platz verleiden, lehren Sie sie, dass der Kratzbaum ein guter Platz ist. Wie man dabei vorgeht, erfahren Sie auf den Seiten 68–71.

Geräusche verwenden Man kann sich auch den Umstand zunutze machen, dass die meisten Katzen bei plötzlichen Geräuschen erschrecken. Bedenken Sie jedoch, bevor Sie die zu den folgenden Hilfsmitteln greifen, wie sensibel und schreckhaft Ihre Katze wirklich ist. Katzen, die leicht gestresst werden, sich unsicher fühlen und Angst haben, tun alles, um sich sicherer zu fühlen. Manchmal ist das dann etwas, was für den Besitzer viel schlimmer sein kann als Krallenwetzen, z. B. markieren mit Urin. Füllen Sie ein paar Pfennigstücke in eine leere Coladose. Es

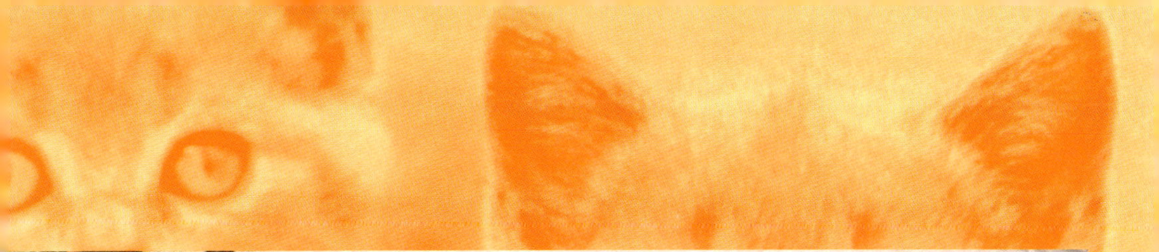

Ein Sofa eignet sich wunderbar zur Krallenpflege und Markierung – aber nur aus der Sicht der Katze.

macht einen Höllenlärm, wenn man eine solche Dose schüttelt oder runterwirft, und erschreckt selbst die tapferste Katze. Binden Sie mit einer Schnur ein paar solcher Dosen aneinander und befestigen Sie das Ganze dann da, wo Ihre Katze normalerweise ihre Krallen wetzt. Wenn sie dann beim Krallenschärfen an der Schnur zieht, fallen die Dosen mit großem Getöse herunter und vertreiben sie. Bei den meisten Katzen wirkt das so gut, dass sie nie wieder an dieser Stelle kratzen oder sich überhaupt nicht mehr in ihre Nähe wagen. Bauen Sie Ihren Apparat aber trotzdem lieber wieder auf, bis Sie völlig sicher sind, dass die Katze die Nase voll hat. Es gibt Katzen, die glauben es nicht beim ersten Mal und brauchen eine zweite Lektion.

Luftballon Wenn Ihre Katze ihre Krallen an bestimmten Stellen schärft, zum Beispiel an Fensterrahmen, Türen oder Ähnlichem, dann können Sie es einmal mit aufgeblasenen Luftballons versuchen. Befestigen Sie die Ballons so, dass sie zerplatzen, sobald sie von Katzenkrallen berührt werden. Das laute Geräusch und der plötzliche Luftstoß werden dafür sorgen, dass Ihre Katze voraussichtlich von Luftballons und damit von Türen und Fensterrahmen künftig bestimmt die Krallen lässt.

Auch waagrechte Flächen werden zum Krallenschärfen und Markieren benutzt.

Kratzen muss sein!

Wie schon erwähnt, ist es nicht damit getan, dass Sie Ihrer Katze klar machen, dass Krallenschärfen an bestimmten Plätzen und Gegenständen unerwünscht ist. Sie wissen ja inzwischen, wie wichtig das Krallenschärfen für Katzen ist. Also muss Ihre Katze auch die Möglichkeit dazu haben. Vergessen Sie daher bitte nicht, ihr auch gleichzeitig beizubringen, dass es Stellen gibt, wo es erlaubt ist. Zeigen Sie ihr, dass und wie sie den Kratzbaum zum Krallenschärfen benutzen soll. Nur wenige Katzen benützen so ein Ding ganz von selbst. Am besten zeigt man es ihnen. Manche Leute nehmen die Pfoten der Katze in die Hand und kratzen dann damit am Kratzbaum. Aber Katzen hassen jeden Zwang. Sie wehren sich dagegen und natürlich auch gegen jeden, der Zwang ausübt. Zwingen Sie Ihre Katze also keinesfalls an den Kratzbaum. Verführen Sie Ihre Katze dazu, überlisten Sie sie: Dann hält sie es für ihre eigene, wunderbare Idee.

Kratzbaum schmackhaft machen Nehmen Sie also eins ihrer Lieblingsspielzeuge und ziehen Sie es an einer Schnur hinter sich her. Sobald sie begeistert hinterherjagt, ziehen Sie es einfach am Kratzbaum hinauf. Die Katze wird in ihrer Jagdlust hinterherklettern und merkt zwangsläufig, wie gut sich so ein Kratzbaum anfühlt. Loben und belohnen Sie sie, und ermuntern Sie sie dazu, in der Nähe ihres Kratzbaums zu spielen. Wenn am Kratzbaum Sitzflächen, Höhlen und Nester angebracht sind, kann sie sogar oben auf dem Baum sitzen. Katzen, die bestimmte Gerüche wie zum Beispiel Baldrian oder Katzenminze lieben, kann man damit an und auf den Kratzbaum locken. Besondere Leckerbissen auf den einzelnen Etagen belohnen das Raufklettern noch zusätzlich.

Einfach ignorieren! Bis Ihre Katze den Kratzbaum wirklich angenommen hat, sollte er zum Mittelpunkt des Katzenlebens werden: das Zentrum des Katzenuniversums. Füttern Sie sie am Kratzbaum, spielen

und sprechen Sie hier mit ihr. Gehen Sie sogar so weit, ihr alle Zuwendung zu entziehen, es sei denn, sie sitzt am oder auf dem Kratzbaum. Sie wird bald begreifen, dass der Kratzbaum Glück bringt. Hier passieren die guten Sachen. Diese Methode funktioniert am sichersten, wenn Sie ihre Katze ansonsten tatsächlich absolut ignorieren. Als wäre sie unsichtbar, solange sie sich nicht in der Nähe des Kratzbaums aufhält. Wenn sie kommt, um sich ein paar Streicheleinheiten abzuholen, setzen Sie sich erst selbst neben den Kratzbaum, ehe Sie auf ihre Wünsche eingehen.

Loben nicht vergessen Wann immer Sie Ihre Katze jedoch am Kratzbaum sehen, vor allem aber, wenn sie ihre Krallen daran wetzt, sollten Sie großes Aufheben um sie machen. Zeigen Sie ihr deutlich, wie sehr Sie sich freuen. In kürzester Zeit ist der Kratzbaum der Lieblingsplatz Ihrer Katze, weil sich da alles Gute abspielt.

Anforderungen steigern Steigern Sie langsam Ihre Anforderungen. Ignorieren Sie die Anwesenheit Ihrer Katze in der Nähe des Kratzbaums. Sie ist ja sowieso dauernd da. Das allein reicht nun nicht mehr aus. Damit der gute Zauber funktioniert, muss Ihre Katze ab jetzt den Kratzbaum hinaufklettern oder dort die Krallen wetzen. Überschütten Sie sie mit Aufmerksamkeit, Zuneigung und Leckereien, wenn sie am richtigen Platz klettert oder ihre Krallen schärft.

Kratzbaum an seinen Ort rücken Sobald sich das zur festen Gewohnheit entwickelt hat, kann man langsam den Kratzbaum dahin rücken, wo er auf Dauer stehen soll und nicht stört. Aber langsam, wohlgemerkt, damit ihre Hoheit es nicht merkt – ungefähr 10 cm jeden Tag. Das dauert nicht so lange, wie Sie vielleicht denken, und ist allemal besser, als wenn sie auf einmal aufhört, ihn zu benutzen. Wenn der Kratzbaum seine endgültige Position erreicht hat, kann auch die Couch wieder zurück an ihren alten Platz gestellt werden.

Wichtig

Gutes Benehmen immer loben
Aber selbst wenn Sie das Problem gelöst haben, sollten Sie gutes Benehmen niemals als selbstverständlich hinnehmen. Lassen Sie Ihre Katze wissen, wie sehr Sie es schätzen, wenn sie ordentlich ihren Kratzbaum benützt. Schenken Sie ihr zwischendurch immer mal wieder Beachtung oder eine kleine Belohnung, wenn sie es richtig macht. Dann muss sie sich nicht irgendetwas anderes einfallen lassen, um Ihre Aufmerksamkeit zu erregen.

Ein Rückfall!

Falls Ihre Katze doch einmal woanders ihre Krallen wetzt, reagieren Sie am besten scheinbar überhaupt nicht. Eine für die Katze erkennbare, unklare Reaktion Ihrerseits könnte nämlich zweierlei zur Folge haben: Entweder sie tut es immer wieder oder sie macht es nur noch heimlich. Unterbrechen Sie das unerwünschte Verhalten lieber durch ein plötzliches, lautes Geräusch oder eine Zeitung, die überraschend herunterfällt (aber nicht auf die Katze!). Dabei darf Ihre Katze jedoch nicht merken, dass Sie dafür verantwortlich sind. Etwas später können Sie sie dann zum Kratzbaum locken und dort ein bisschen mit ihr spielen. Geben Sie ihr gar nicht erst die Gelegenheit, an etwas anderem als dem Kratzbaum ihre Krallen zu schärfen und womöglich so etwas zur Gewohnheit werden zu lassen.

Sofort reagieren Präparieren Sie bei dem leisesten Verdacht eines Rückfalls das entsprechende Möbelstück sofort dagegen! Schieben Sie das auf keinen Fall auf: Jedes Mal, wenn Ihre Katze es genießt, ihre Krallen irgendwo zu wetzen, steigert das ihre Lust, diese Tat an derselben Stelle zu wiederholen. Je öfter das passiert, desto mehr gewöhnt sie sich daran. Je länger Sie zögern und Änderungen auf morgen verschieben, desto schwerer wird es, die schlechte Gewohnheit wieder in den Griff zu bekommen. Es lohnt sich, in einem solchen Fall auf die alte Routine zurückzugreifen: Bieten Sie Ihrer Katze Zuwendung, Aufmerksamkeit und Belohnungen wieder ausschließlich am Kratzbaum – nur dort findet sie den Himmel auf Erden.

Zu zweit lebt sich's einfach besser – vorausgesetzt man mag sich gegenseitig.

Spielzeuge machen den Kratzbaum attraktiv.

Katzenspielzimmer

Bei einer außergewöhnlich destruktiven Katze, die durch ihr Krallenwetzen alles in Reichweite zerstört, bietet sich ein „Katzenspielzimmer" als Lösung an. Stellen Sie darin mehrere Kratzbäume auf. In Ermangelung anderer Dinge bleibt der Katze nichts anderes übrig, als die Kratzbäume zu benutzen. So gewöhnt sie sich die Möbel ab, einfach weil keine da sind. Erst wenn Ihre Katze regelmäßig und zuverlässig ihre Kratzbäume benutzt, darf sie wieder mitsamt den Kratzbäumen aus dem Katzenspielzimmer. Aber bitte wirklich nur dann, wenn Sie auch die Zeit und Energie haben, sich ihr ausreichend zu widmen. Sie müssen auch zunächst einmal die Möbel umstellen. Das ist jedoch nur vorübergehend und lohnt sich. Die Möbelstücke, die Ihre Katze zum Kratzen missbraucht hat, müssen umgestellt und mit Abschreckungsfallen präpariert werden. Da, wo die Möbel gestanden haben, werden die Kratzbäume aufgestellt. Die riechen inzwischen nach Ihrer Katze und sind dadurch anziehend für sie. Jedes Familienmitglied muss sich unbedingt darüber im Klaren sein, dass es ab jetzt nur noch dann Futter, Belohnungen, Spiel und Streicheleinheiten geben darf, wenn sich Ihre Katze am oder auf dem Kratzbaum befindet. Innerhalb kurzer Zeit können Sie dann langsam die Kratzbäume dahin stellen, wo es Ihnen lieber ist, und die Möbel können schließlich zurück an ihren alten Platz.

C Check

Abhilfe gegen unerwünschte Kratzspuren

- **Geben Sie Ihrer Katze einen Kratzbaum. Lehren Sie sie mit Hilfe von Lob und Belohnung, diesen auch zu benutzen.**

- **Präparieren Sie die Gegenstände, von denen Sie nicht wollen, dass sie zum Krallenschärfen benutzt werden so, dass sie abschreckend wirken. Wenn Sie Ihre Katze an unerwünschten Stellen beim Krallenschärfen erwischen, können Sie sie durch ein lautes Geräusch stören.**

- **Sehen Sie von Strafen ab. Strafen können ganz gegensätzliche Folgen haben: Sie können einerseits das unerwünschte Verhalten steigern, weil Ihre Katze so Ihre Aufmerksamkeit erregen kann. Andererseits können Strafen bewirken, dass dieses Verhalten nur noch heimlich ausgeübt wird. Wenn Ihre Katze ihre Krallen nur noch schärft, wenn Sie es nicht sehen, können Sie sie nicht belohnen, wenn sie es am richtigen Gegenstand tut. Sie können auch nichts dagegen tun, wenn sie ihre Krallen am falschen Objekt wetzt. Dann haben Sie keinen Einfluss mehr auf ihr Verhalten, und damit auch keine Möglichkeit, sie zu erziehen. Strafen führen fast immer zu einer Verschlechterung oder zu zusätzlichen Problemen, zum Beispiel Unsauberkeit. Zur Erinnerung: Genaueres über die Nachteile von Strafen steht auf den Seiten 13–14.**

Wenn die Katze an Pflanzen knabbert

Was macht man, wenn Katzen Pflanzen anfressen? Warum sie das tun, darüber gibt es verschiedene Theorien. Eine Mangelerscheinung? Zum Auswürgen von Haarbällen oder wegen einer Magenverstimmung? Hat sie etwa Magen- und Darmparasiten? Wenn es im Übermaß stattfindet, wäre auch hier eine Untersuchung durch den Tierarzt der erste Schritt. Die meisten Katzen, die Pflanzen anfressen, sind jedoch zum Glück gesund. Sie tun es aus Gewohnheit und weil es ihnen Spaß macht.

Gefährliche Gewohnheit Leider ist das Schlecken und Knabbern an Pflanzen jedoch eine gefährliche Angewohnheit. Je schneller Ihre Katze es wieder lässt, desto besser. Viele Zimmer- und Gartenpflanzen sind für Katzen schädlich. Stellen Sie daher als Erstes fest, ob Sie in Ihrem Haushalt giftige Pflanzen haben.

Keine Giftpflanzen in der Wohnung Schaffen Sie Giftpflanzen ab, und auch die, bei denen Sie nicht sicher sind. Finden Sie das zu viel verlangt? Warum wollen Sie auch nur das geringste Risiko eingehen, wo es doch wirklich viele schöne

Hochkonzentriert prüft Puschkin Geruch und Geschmack der Pflanze.

ungiftige Pflanzen im Handel gibt? Für Ihre Katze ist es besser und sicherer, wenn keine giftigen Pflanzen im Haus sind. Aber selbst wenn Ihre Katze gelernt hat, Ihre Pflanzen in Ruhe zu lassen: Niemand ist perfekt, und eine Katze auch nicht. Ein Fehler, ein einziger Ausrutscher könnte Ihrer Katze das Leben kosten. Lassen Sie sie erst in die Nähe Ihrer Blumen, wenn Sie wirklich wissen, dass sie nicht giftig sind. Es ist es einfach nicht wert, hier auch nur den geringsten Fehler zu machen. Sperren Sie entweder Ihre Katze am Anfang in ein Zimmer ohne Blumen, oder schließen Sie die Blumen weg.

Für Katzen giftige Pflanzen

Pflanze	Lateinische Bezeichnung	Todesfälle bekannt
Alpenveilchen	*Cyclamen persicum*	*
Amaryllis	*Hippeastrum spp.*	
Anthurie	*Anthurie spp.*	
Aralien	*Schefflera, Fatsia, Fatshedera*	
Avocado	*Persea americana*	
Birkenfeige	*Ficus benjamini*	*
Bogenhanf	*Sansevieria spp.*	
Brunfelsie	*Brunfelsia spp.*	
Buchsbaum	*Bucus sempervirens*	
Calla	*Calla palustris*	
Clivie	*Clivia miniata*	
Dieffenbachie	*Dieffenbachia spp.*	*
Drachenbaum	*Dracaena spp.*	
Efeu	*Hedera helix*	
Eibe	*Taxus baccata*	
Einblatt	*Spathiphylum spp.*	
Elefantenohr	*Alocasia spp.*	
Fensterblatt	*Monstera spp.*	
Geißblatt	*Lonicera caprifolium*	*
Goldregen	*Laburnum anagyroides*	
Gummibaum	*Ficus elasticum*	*
Haschisch	*Cannabis sativa*	
Herkules-staude	*Heracleum mategazzianum*	
Hortensie	*Hydrangea spp.*	
Kakao	*Theobroma cacao*	
Kirschlorbeer	*Prunus laurocerasus*	
Korallen-bäumchen	*Solanum pseudocapsicum*	
Kreuzkraut, Lausblume	*Senecio spp.*	*
Kroton	*Codiaeum variegatum*	
Küchenzwiebel	*Allium cepa*	
Lilie	*Lilium longiflorum*	*
Lorbeerrose	*Kalmia spp.*	*
Maiglöckchen	*Convallaria majalis*	
Mistel	*Viscum album*	
Narzissen, Osterglocken	*Narcissus spp.*	
Oleander	*Nerium oleander*	*
Palmfarn	*Cyclus revolute*	
Philodendron	*Philodendron spp.*	*
Rhododendron, Azalee	*Rhododendron spp.*	*
Tulpe	*Tulipa spp.*	
„Weihnachts-baum“		
Weihnachts-stern	*Euphorbia pulcherrima*	*
Wunderbaum	*Ricinus comunis*	
Yuccapalme	*Yucca spp.*	*
Zimmercalla	*Zanthedeschia spp.*	

Ein Garten für Ihre Katze

Einer Katze, die aber nun einmal gern an Pflanzen herumknabbert, kann man dieses kleine Vergnügen auf die folgende Weise ermöglichen. Schenken Sie ihr Ihren eigenen Garten. Viele Tierhandlungen führen geeignete Pflanzen und Samen, die Sie zu Hause extra für Ihre Katze anpflanzen können. Nun müssen Sie sie nur noch lehren, dass das ihre eigenen Pflanzen sind. Hier darf sie jederzeit knabbern. Vielleicht müssen Sie sie zu Beginn dazu ermuntern. Dazu gestalten Sie einfach diese Pflanzen besonders verführerisch und attraktiv, indem Sie ein bisschen Thunfischöl oder Lachsgeschmack, Katzenminze oder Baldrian auf die Blättern tupfen. Das sollte ausreichen – und natürlich viel Lob und Belohnung, wenn sie sich an ihrer eigenen Salatbar gütlich tut.

An Pflanzen knabbern macht eindeutig Spaß.

Das hat nicht gut geschmeckt! Vielleicht reicht das aus, um das Interesse an den Pflanzen dauerhaft zu mindern.

Pfoten weg!

Sobald Ihre Katze verstanden hat, wozu ihre eigenen Pflanzen dienen, muss sie lernen, die Ihren auch in Ruhe zu lassen. Also dürfen Ihre Pflanzen jetzt wieder zurück, aber so, dass Ihre Katze in Zukunft lieber nichts mit ihnen zu tun haben möchte.

Pflanzen mit Öl präparieren Fangen Sie mit einer Pflanze an, die für eine Katze einladend, aber nicht giftig ist. Betupfen Sie die Unterseite der Blätter mit Zitronen- oder einem besonders scharfen Chiliöl. Fast alle Katzen, die ich kenne, mögen diese Öle nicht. Falls das bei Ihrer Katze anders sein sollte, müssen Sie etwas finden, was Ihre Katze überhaupt nicht leiden kann. Besprühen Sie die Oberseiten der Blätter mit verdünntem Parfüm. Eine wässrige Lösung von 1:100 genügt, schließlich soll ja nicht das ganze Haus danach stinken. Der Geruch muss lediglich für die feine Nase einer Katze wahrnehmbar sein. Diese Pflanze stellen Sie jetzt mitten ins Wohnzimmer und gestatten Ihrer Katze, sie in Augenschein zu nehmen. Machen Sie das Ganze noch unwiderstehlicher und befestigen Sie an ein paar Zweigen eine Schnur – so können Sie aus der Entfernung damit rascheln. Das al-

Viele Katzen knabbern gern Katzengras – man kann es selbst anpflanzen oder fertig kaufen.

les verführt Ihre Katze zur genaueren Erkundung. Hoffentlich beißt sie auch hinein. Nach diesem Bissen wird sie vielleicht schnurstracks den Wassernapf aufsuchen. Der Parfümgeruch und der ekelhafte Geschmack sind eine Erfahrung, die Ihre Katze sich merkt und nicht so schnell wiederholen möchte. Platzieren Sie die so präparierte Pflanze in den nächsten Wochen an allen möglichen Stellen im Haus. Frischen Sie regelmäßig Geschmack und Geruch der Blätter auf. Wiederholen Sie das Ganze mit einer oder zwei weiteren Pflanzen, bis Ihre Katze eindeutig verstanden hat, worum es geht. Wenn das klar ist, dürfen alle anderen Pflanzen wieder zurück, aber besprühen Sie sie vorher mit dem verdünnten Parfüm. Wenn Sie das regelmäßig wiederholen, hält sie sich von diesen Pflanzen fern: Sie hat die unangenehme Erfahrung nicht vergessen und der Parfümgeruch hält die Erinnerung wach.

Blumentopf als Katzenklo Katzen, die Blumentöpfe als Katzenklo benutzen, sind ein anderes Problem. Decken Sie Alufolie über die Erde, vielleicht hält das Ihre Katze davon ab. Lesen Sie aber in jedem Fall noch einmal das Kapitel über Unsauberkeit.

Check

Pflanzenknabbern verhindern

- 1. Verbannen Sie aus Ihrem Haushalt alle Pflanzen, die für Ihre Katze gefährlich sind.
- 2. Bieten Sie ihrer Katze Katzengras an. Bringen Sie ihr mit Lob und Belohnung bei, daran zu knabbern.
- 3. Machen Sie Ihre eigenen Pflanzen für Ihre Katze unattraktiv. Die Pflanze selbst sollte diese Botschaft übermitteln, und nicht Sie. Strafe oder Tadel sind wenig geeignet und verschlechtern die Sache eher. Entweder frisst Ihre Katze die Pflanzen dann heimlich an, oder sie macht es, um Ihre Aufmerksamkeit zu erregen.
- 4. Präparieren Sie Ihre Pflanzen regelmäßig. Loben und belohnen Sie Ihre Katze immer wieder, wenn sie sich ihren eigenen Pflanzen widmet.

Das muss ich haben, da will ich hin!

Die meisten jungen Katzen sind sehr neugierig und wollen alles erforschen. Zunächst amüsiert uns das – aber auf diesem Weg lernen viele Katzen, auch eine ganze Menge Unsinn zu machen. Haben Sie eine Katze, die Ihnen Kleidungsstücke aus dem Wäschekorb oder den Badeschwamm stiehlt? Fischt Ihre Katze Essensreste aus dem Mülleimer? Im Allgemeinen kann man Katzen erfolgreich mit Abschreckungsmaßnahmen davon abbringen. Solche Maßnahmen wirken ähnlich wie Schreckschüsse. Eine Katze, die etwas mit einem unangenehmen Erlebnis verbindet, wird dadurch abgeschreckt und versucht, dieser Sache in Zukunft aus dem Wege zu gehen. Abschrecken funktioniert ähnlich wie Aberglauben: Da gehe ich nie wieder hin, da war es so schrecklich. Abschreckungsmaßnahmen sollen Katzen weder verletzen noch quälen. Sie sollen jedoch dazu dienen, der Katze ein bestimmtes Verhalten zu vergällen. Vergessen Sie also bitte nicht: Bei solchen Maßnahmen können unerwünschte Nebenwirkungen nie ausgeschlossen werden.

Bei Katzen bedeutet eine erhobene Pfote Aktionsbereitschaft – sie angelt nach etwas. Es kann aber auch als Drohgeste gemeint sein.

Eine Katze auf dem Herd ist gefährlich und auch nicht jedermanns Sache – schon gar nicht, wenn das Interesse am Pfanneninhalt so deutlich ist.

Weg da!

Der Himmel stürzt ein Befestigen Sie eine Schnur an dem Gegenstand, den Ihre Katze stehlen will. Nehmen Sie aber bitte kein richtiges Futter dafür, sondern lieber ein Stück Küchenrolle, das Sie in etwas getunkt haben, was Ihre Katze gern mag, zum Beispiel Thunfischöl. Sie wollen ja vermeiden, dass Ihre Katze eine wirklich gute Belohnung erhält, falls die Falle nicht richtig funktioniert. An das andere Ende der Schnur kommt eine leere Bierdose, die Sie mit mehreren Pfennigstücken gefüllt und zugeklebt haben. Wenn man so eine Dose schüttelt, ergibt das ein lautes und sehr unangenehmes Geräusch. Stellen Sie zwei derartige Schütteldosen ungefähr dreißig Zentimeter voneinander entfernt auf. Auf beide Dosen legen Sie ein Pappstück, auf dem Sie so viele Schütteldosen aufstellen, wie Sie überhaupt unterbringen können. Bei dem Versuch, den so vorbereiteten Gegenstand zu ergattern, zieht Ihre Katze an der Schnur. Die Schnur zieht die Dose weg, das Pappstück fällt herunter, und sämtliche darauf aufgebauten Schütteldosen kommen hinterher. Das macht einen Höllenlärm, und Ihre Katze denkt, der Himmel stürzt ein. Voraussichtlich wird sie sich nie wieder auch nur in die Nähe eines Gegenstandes wagen, der so präpariert war. In manchen Fällen muss man das Ganze zweimal aufbauen, aber meist ist einmal ausreichend.

Zielbewusst wird nach dem Leckerbissen geangelt.

Vorübergehender Rückzug nach einer Ermahnung – aber meist führt die sprichwörtliche Ausdauer von Katzen doch zum Erfolg.

Hier sollst du nicht hin! Sie wollen nicht, dass Ihre Katze auf die Anrichte springt? Bauen Sie einen falschen Rand an die Anrichte. Legen Sie dazu ein Pappstück so auf die Arbeitsfläche, dass es etwa 10 cm über den Rand ragt. Das andere Ende beschweren Sie mit Schütteldosen. Wenn Ihre Katze hochspringt und auf der Anrichte landen will, landet sie versehentlich auf diesem falschen Rand. Die ganze Konstruktion gibt unter ihren Pfoten nach, und alles stürzt ab.

Gerüche Für eine Katze, die gelernt hat, sich von Dosen oder Ähnlichem fernzuhalten, ist dann oft schon allein die Anwesenheit einer Schütteldose auf dem Sofa oder der Anrichte ausreichend, um diese Orte zu meiden. Wenn man in einer solchen Situation gleichzeitig auch einen ganz besonderen Geruch mit verwendet, reicht später schon der Geruch allein, um die Katze fernzuhalten. Sie sollten dazu aber einen Geruch auswählen, der für Menschen zwar wahrnehmbar, aber nicht besonders unangenehm ist. Verwenden Sie jedoch keinen Geruch, der in ihrem täglichen Leben normalerweise vorkommt. Der Geruch nach Zitrus ist Katzen unangenehm. Frische Orangen- oder Zitronenschalen können Katzen von Tabuzonen fernhalten.

Klebeband Katzen mögen es nicht, wenn ihre Pfoten festkleben. Ein doppelseitiges Klebeband, auf den Tischrand geklebt, wirkt oft Wunder und hält sie davon ab, auf den Tisch zu springen. So kann man auch Oberflächen, die Katzen zum Krallenschärfen benützen, abstoßend machen.

Alufolie Viele Katzen mögen Alufolie nicht und meiden daher Topfpflanzen und Tische, die entsprechend präpariert sind.

Wichtig

Abschrecken, aber nicht verletzten!
Vergessen Sie nicht: Zur Abschreckung muss man Dinge benutzen, die stark genug wirken, um Katzen auch tatsächlich von einer bestimmten Tätigkeit abzuhalten. Sie sollten jedoch in keinem Fall körperlichen Schaden zufügen können.

Rabauken und unermüdliche

Energiebündel

Sie träumen süß in Ihrem Bett – und plötzlich reißt Sie Ihre Katze aus dem Schlaf? Und das jede Nacht? Auch tagsüber hält Sie sie auf Trab? Katzen brauchen Beschäftigung und Zuwendung. Bieten Sie Ihrer Katze ausreichende Möglichkeiten, ihre Energie in aufregenden Spielen auszuleben.

Mitternächtliche Störenfriede

Kaum eine Katze ist wirklich hyperaktiv – das wäre eine ernst zu nehmende Erkrankung. Aber die meisten Katzen besitzen eine Unmenge Energie, die sie loswerden müssen. Was Sie für hyperaktiv halten, ist in Wirklichkeit ganz normales Katzenverhalten. Eine Katze, die nachts um drei das Toben anfängt und einen so vom Schlaf abhält, kann einen in den Wahnsinn treiben. Katzen sind ursprünglich nachtaktiv, daher ist es ganz normal, wenn eine Katze nachts lebendig wird. Katzen würden viel lieber den ganzen Tag schlafen und erst nachts oder am frühen Morgen ihren Geschäften nachgehen.

Für's Stören nicht belohnen Wenn Sie darunter leiden, dass Ihre Katze erst am Abend unternehmungslustig wird, dürfen Sie sie nicht aus Versehen auch noch obendrein für dieses Verhalten belohnen und es so weiter verstärken. Stehen Sie also nicht auf, wenn Ihre Katze um vier Uhr früh auf Ihrem Kopf landet. Spielen Sie nicht mit ihr, und geben Sie ihr auch nichts zu fressen. Andernfalls dauert es nicht lange, und Ihre Katze erwartet das täglich. Sie weckt Sie dann nämlich schon lange vor dem Frühstück, rechtzeitig für einen kleinen Imbiss oder um ein bisschen zu toben. Auch Schimpfen nützt erfahrungsgemäß nicht viel: Sie hat Ihre Aufmerksamkeit erregt und das allein kann als Belohnung wirken.

Gemeinsam ruhen heißt die Devise – hinschauen, anreden oder gar anfassen verstärkt unerwünschtes Verhalten.

Katze ignorieren In einem solchen Augenblick hilft Todstellen am Besten: nicht hinschauen, nicht anfassen und nicht ansprechen. Ziehen Sie sich einfach die Decke über den Kopf – aber lassen Sie nicht die Zehen vorschauen!

Tagesablauf ändern Stellen Sie auf jeden Fall den Tagesablauf Ihrer Katze so um, dass er mit Ihrem eigenen übereinstimmt, und verlieren Sie nicht die Geduld. Lassen Sie sie nicht den ganzen Tag schlafen, sondern spielen und tollen Sie mit ihr, besonders am Abend und kurz vor dem Schlafengehen. Sorgen Sie dafür, dass Ihre Katze vom Spielen so müde ist, dass sie die ganze Nacht durchschläft. Natürlich dauert es eine Weile, bis sie auf diesen Rhythmus umgestellt ist. Am Anfang wacht sie sicherlich immer noch früh auf, weil sie es gewöhnt ist. Aber mit der Zeit wird sie einfach länger schlafen.

Katze aussperren Bedenken Sie vor dem Einsatz von Abschreckungsmitteln die möglichen unerwünschten Nebenwirkungen. Das gilt auch für das Aussperren aus dem Schlafzimmer, obwohl das zunächst eine mögliche, verhältnismäßig einfache Gegenmaßnahme wäre. Wenn Sie sich dazu entschließen, dürfen Sie in keiner Weise reagieren, ganz egal was Ihre Katze daraufhin während der Nacht draußen vor der geschlossenen Schlafzimmertür treibt. Also kein beruhigendes Wort, wenn Miezi vor der Tür klagt; antworten Sie nicht, wenn sie empörtes Geheul ausstößt; lassen Sie sich nicht zu einem Verzweiflungsschrei provozieren: Sei endlich still, lass mich schlafen! Und machen Sie keinesfalls die Tür auf, wenn sie mit den Pfötchen an die Tür trommelt. Stellen Sie sich tot!

Mit Hilfsmitteln abschrecken Bevor Sie zu Abschreckungsmaßnahmen greifen, sollten Sie bedenken, dass besonders bei sensiblen Katzen stets die Gefahr von unerwünschten Nebenwirkungen besteht! Aber falls Ihre Katze Sie immer wieder zu früh weckt, gibt es auch Mittel und Wege, wie Sie ihr nachdrücklich klar machen können, dass dieses Verhalten absolut unerwünscht ist und eindeutig unangenehme Konsequenzen nach sich zieht. Lassen Sie hier keinen Raum für Missverständnisse. Sie können Ihrer Katze die richtige Botschaft vermitteln, indem Sie sie mit einem Wassersprüher nass sprühen, plötzlich einen Luftballon platzen lassen oder sie mit dem Fön anblasen. Auf diese Weise erfährt Ihre Katze eindringlich, dass das Wecken mit negativen Folgen für sie verbunden ist. Es mag sich nach einem Riesenaufwand anhören, eine Sprühflasche oder einen Fön morgens um vier in Reichweite zu haben, aber das ist es wirklich wert. Dieser Gegenangriff führt allerdings nur dann zum Erfolg, wenn Sie für Unterhaltung am Tag und am späten Abend sorgen. Erwarten Sie nicht, dass Ihre Katze sich selbst den ganzen Tag über beschäftigt und wach bleibt. Das klappt einfach nicht. Bloßes Schimpfen, wenn Sie nachts oder frühmorgens gestört werden, verschlimmert alles nur und kann weitere störende Verhaltensweisen schaffen.

Wichtig W

Reagieren Sie nicht
Jede Aktion Ihrerseits auf das nächtliche Stören wirkt als Belohnung für das unerwünschte Verhalten und verstärkt es weiter. Daher: Zeigen Sie keinerlei Reaktion!

So eine Quasselstrippe!

Bei einem Hausbesuch fand ich an der Haustür einer Klientin ein Riesenschild mit den Worten: „Bitte leise klopfen!" Die Katzenbesitzerin begrüßte mich im Flüsterton und bat mich, leise zu sein. Auf meine Frage hin erfuhr ich, dass wir andernfalls ihren Kater aufstöbern würden. Der würde dann so lange Krach machen, bis der Besuch wieder weg sei. Dieser Kater hatte gelernt, dass menschliche Zuwendung vom Miauen abhängig war. Er miaute schon, wenn man nur in seine Richtung schaute.

So beachte mich doch! Sie haben auch eine Katze, die dauernd miaut? Wahrscheinlich haben Sie es ihr aus Versehen höchstpersönlich beigebracht. Offensichtlich hat sie gelernt, immer dann zu miauen, wenn sie etwas will: Futter, Aufmerksamkeit und Zuwendung. Dieses Verhalten wird in der Verhaltenstherapie auch ausdrücklich als „Aufmerksamkeitserregendes Verhalten" bezeichnet. Es kommt bei Katzen, Hunden und sogar Menschen sehr häufig vor. Wenn Sie an die Regeln für das Lernen zurückdenken, wird auch klar, wie das funktioniert:

Miauen wird in erster Linie zur Verständigung mit dem Menschen eingesetzt. Es scheint ein erlerntes Verhalten zu sein.

Alles, was belohnt wird, wird unausweichlich öfter auftreten und stärker werden. Im Einzelfall ist natürlich verschieden, was ein Lebewesen als Belohnung empfindet. Bei Futter ist es ganz klar. Jeder braucht etwas zu essen, wenn er überleben will. Also ist Füttern belohnend. Daher hören viele Katzen wunderbar auf den Dosenöffner – oder auf das Öffnen der Kühlschranktür. Sie machen immer wieder die Erfahrung, dass es sich lohnt, bei diesem Geräusch schnell herbeizueilen. Natürlich ist aber nicht nur Futter eine Belohnung. Streicheln kann belohnend sein, Ansprechen, Kommen, sogar einfach nur Anschauen. All das ist letzten Endes Aufmerksamkeit, und für ein Lebewesen, das mit anderen zusammenlebt, angenehm.

Auch Strafen bedeutet Aufmerksamkeit! Überraschend ist jedoch, dass selbst Schimpfen oder Strafen als Zuwendung empfunden werden und damit unerwünschtes Verhalten weiter verstärken kann. Aus diesem Grund gibt es unzählige Hunde, die ihre Besitzer durch Bellen zum Wahnsinn treiben, ohne dass Schimpfen und Strafen dies ändert. Unzählige Katzen zwingen ihre Besitzer zu nachtschlafender Zeit, zum Kühlschrank zu gehen. Dabei wird jedes Mal, wo das auch klappt, das lästige Verhalten weiterhin verstärkt. Ein verzweifelter Besitzer, der dann irgendwann feststellt, dass es so nicht weitergehen kann, rebelliert schließlich und versucht, den Befehlen seiner Katze nicht weiter Folge zu leisten. Leider haben aber meist die Katzen den längeren Atem: Sie miauen und miauen – und schließlich steht Herrchen oder Frauchen dann doch auf und geht in die Küche. So lernt Muschi dann in erster Linie eins: Sie muss nur geduldig weitermachen und nicht aufgeben. Der Mensch tut schließlich doch, was gewünscht wird.

Halten Sie durch! Auch hier wirken Regeln der Lerntheorie, also biologische Gesetzmäßigkeiten: Wenn auf einmal ein Verhalten, das immer belohnt wurde, plötzlich nicht mehr belohnt wird, wird es erst stärker werden, bevor es aufhört. Viele Menschen geben genau in diesem Moment auf. Sie haben ja zurecht das Gefühl, dass das Verhalten immer schlimmer wird, und nicht die Nerven, das durchzustehen. Verhalten, das in dem Moment belohnt wird, wo es durch diese verstärkte Phase geht, wird weiter verstärkt. Es ist eine Form der Belohnung, die das Verhalten ganz besonders gut festigt.

- **Konsequent sein** Wenn Sie also eine miauende Katze haben und das ändern wollen, müssen Sie ganz gezielt und konsequent vorgehen. Der Weg aus diesem Teufelskreis ist jedoch nicht einfach und verlangt gute Nerven. Sie können zwischen verschiedenen Methoden wählen.

- **Verhalten löschen** Als Löschung bezeichnet man, wenn das unerwünschte Verhalten einfach konsequent nicht mehr belohnt wird und dadurch irgendwann einmal verschwindet. Das hat sich in der Evolution so entwickelt: Energie wird nur dann eingesetzt, wenn es sich lohnt.

- **Erwünschtes Verhalten belohnen** Man kann aber auch erwünschtes Verhalten belohnen. Am besten kombiniert man beides. Kümmern Sie sich also ab jetzt nur noch um Ihre Katze, wenn sie den Mund hält. Geben Sie ihr alles, aber nur dann, wenn sie ruhig ist. Nehmen Sie keinerlei Notiz von ihrer lautstarken Erpressung. Reagieren Sie nicht darauf, vermeiden Sie nicht nur die direkte Belohnung, sondern sprechen Sie auch nicht mit ihr. Ja, sehen Sie sie nicht einmal an, denn schon das ist eine Verstärkung! Werden Sie nicht schwach! Jedes Mal, wenn Sie ihrem Lärmen nachgeben, lernt sie dadurch, noch mehr zu miauen. Warten Sie mit Belohnungen, bis sie ruhig ist: Dann wird sie bald den Zusammenhang zwischen Stille und Belohnung begreifen. Es ist nicht leicht, das dauernd im Kopf zu behalten, weil das Miauen nun einmal Aufmerksamkeit weckt. Keiner kümmert sich um eine ruhige Katze, die übersieht man leicht.

Sei doch bitte still!

Manche Katzen plaudern gern, und manche Katzenbesitzer hören ihren Katzen auch gern zu. Wenn Sie aber doch einmal einen Augenblick Ruhe haben wollen, dann gibt es eine dritte Möglichkeit: Lehren Sie Ihre Katze doch einfach, auf Kommando den Mund zu halten. Bitte versuchen Sie aber nicht, ihre Katze etwas zu lehren, wenn Sie selbst durch das Maunzen genervt und schon sowieso ganz sauer sind. Beim Lehren sollte der Lehrer gute Laune haben – dann geht es besser!

- **Auf Kommando still sein** Ihre Katze miaut – Sie bitten Sie zunächst mit einem „Psst!“ um Ruhe. Machen Sie dieses „Pssst“ so auffallend, dass Muschi ganz erstaunt einen Moment den Schnabel hält und belohnen Sie dieses ruhige Ver-

Manche Katzen reagieren nur mit einem Blick, wenn man sie anspricht – andere antworten lautstark.

halten sofort, am besten mit einem wirklich guten Leckerbissen. Wenn Sie das oft genug wiederholt haben, versteht Ihre Katze, was gemeint ist. Eine weitere Regel der Lerntheorie: Damit ein neues Verhalten auch wirklich zuverlässig überall funktioniert, muss es an allen möglichen Stellen und unter den verschiedensten Bedingungen geübt werden: insgesamt mindestens etwa zweitausend Mal! Haben Sie also Geduld. Wenn Ihre Katze es ausnahmsweise schneller schafft, haben Sie eine Katze, die besonders schnell lernt!

Voller Energie in vollem Galopp – dieses Verhalten kann man so pflegen, dass es auch das ganze Leben lang Spaß macht.

Strafen behutsam anwenden
Wenn Sie Strafen einsetzen wollen, so klappt das natürlich auch, vorausgesetzt, Sie berücksichtigen die Regeln. Wenn also Ihre Katze einfach weiterlärmt, sagen Sie sofort laut und bestimmt „Sei still!" oder sprühen ihr etwas Wasser ins Gesicht. Schon nach wenigen Wiederholungen wird Ihre Katze eins verstanden haben: Heute sind Sie nicht besonders freundlich. Sie leistet dann lieber einem sanften „Psst!" Folge, ehe sie sich wieder anraunzen oder anspritzen lässt – oder sie verschwindet erst einmal. Daher empfehle ich: Versuchen Sie es wirklich zuerst auf die freundliche Art. Es wäre nicht fair, sie für das Miauen zu bestrafen, ohne ihr zuvor andere Wege zu zeigen und klarzumachen, dass es Ihnen reicht. Ihre Katze soll ja nicht den Eindruck gewinnen, dass Sie ohne Grund und Vorwarnung ausrasten. Vergessen Sie auch nicht das Lob und die Belohnung, wenn sie Ihrem Wunsch folgt.

Jetzt geht's rund!

Ab und zu verfallen Katzen in Raserei: Sie jagen hinter unsichtbaren Geistern her, flitzen die Wände hinauf, stoßen sich von den Möbeln ab und legen dabei die Wohnung in Trümmer. Sie brauchen einfach ein Ventil für ihre Energie. Bieten Sie ihrer Katze die Möglichkeit, das unter kontrollierten Umständen zu tun. Dann spielt sie nicht verrückt, wenn es Ihnen nicht ins Konzept passt.

Spielen als Ausgleich Nehmen Sie sich Zeit und planen Sie für Ihre Katze Spielstunden ein. Dann haben Sie zumindest Einfluss darauf, was sich abspielt. Sorgen Sie für Spiel und Spaß. Dabei kann Ihre Katze sich auch einmal richtig austoben. Für Sie beide kann es außerdem sehr lustig und lohnend sein, wenn Sie Ihrer Katze beim Spielen ein paar kleine Tricks beibringen.

Aufregende Spielideen

Apportieren Zeigen Sie Ihrer Katze, wie man apportiert. Befestigen Sie ein Spielzeug an einer Schnur und werfen Sie es quer durch den Raum. Ziehen Sie es langsam wieder zu sich zurück. Ihre Katze wird es sicherlich verfolgen.

Interesse ist da – aber ist es groß genug, dieses Ding zu fangen?

Spielen Sie mit! Es bringt nichts, wenn Sie Ihrer Katze einfach ein paar Spielsachen hinwerfen und sie damit dann sich selbst überlassen. Erwarten Sie im Ernst, dass sie sich an die Gebrauchsanweisung hält und schön damit spielt? Katzenkinder lernen von ihren Müttern und Geschwistern. Damit Ihre Katze lernt, mit den Spielsachen etwas anzufangen, müssen Sie sich schon selbst auf den Boden bequemen und Ihrer Katze zeigen, wie es geht.

Leckerbissen holen Lehren Sie sie, für einen besonders guten Bissen zwischen Ihnen und einer zweiten Person hin- und herzurennen. Zu dritt macht das sogar noch mehr Spaß. Rufen Sie ihren Namen, zeigen Sie ihr einen Leckerbissen, und entfernen Sie sich von ihr. Wählen Sie zu Beginn erst einmal kleine Entfernungen. Die Belohnung hat sie verdient, nachdem sie Ihnen einen oder zwei Schritte gefolgt ist.

Federn sind in jeder Form attraktiv. Die Befestigung am Stab sichert die Unversehrtheit der menschlichen Haut.

Der Abstand kann dann langsam gesteigert werden, bis sie dann irgendwann einmal mit Ihnen das ganze Zimmer durchquert hat. Nach ein paar Mal brauchen Sie nur noch ihren Namen zu rufen, damit sie angesaust kommt, um ihre Belohnung abzuholen.

Spielmaus und Co Versuchen Sie das Ganze auch mal mit der geliebten Spielmaus! Oder ziehen Sie eine Feder oder ein zerknülltes Papier an einer Schnur hinter sich her, und schon geht die wilde Jagd los. In Tierhandlungen gibt es Dutzende von Katzenspielsachen, aber auch Ideen zum selber Basteln.

Durch einen Reifen springen Bringen Sie Ihrer Katze bei, durch einen Reifen zu springen. Dazu halten Sie den Reifen zuerst zwischen Ihre Katze und eine gute Mahlzeit. Um an ihr Futter zu gelangen, muss sie nun den unteren Rand des Reifens überqueren. Dann heben Sie den Reifen jedes Mal ein kleines bisschen höher, langsam und gleichmäßig, sodass sie ihre Pfoten höher und höher heben muss, um darüber zu steigen. Irgendwann ist es dann soweit: Sie muss für ihre Belohnung springen. Auch wenn es nicht sofort perfekt klappt, was soll's? Sie wollen ja schließlich nicht zum Film, oder?

Spielen muss Spaß machen

Die Motivation Ihrer Katze mitzuspielen, hängt davon ab, ob es sich auch für sie lohnt. Sorgen Sie also dafür, dass es sich für Ihre Katze immer lohnt, mitzumachen. Gehen Sie in kleinen Schritten voran, und sorgen Sie für Erfolg bei diesen Aktionen. Niemand, kein Mensch, kein Hund und vor allem keine Katze, spielt sonst lange mit. Besonders zu Beginn ist das wichtig, da Ihre Katze ja sozusagen zwei Dinge lernen muss: erst einmal, was sie überhaupt tun soll, und zweitens, dass das auch Spaß macht.

Mit kleinen Schritten ans Ziel
Wenn Sie Ihrer Katze irgendetwas beibringen möchten, sollte das am Anfang wirklich ganz leicht sein und in einzelnen, ganz kleinen und einfachen Schritten erfolgen. Sie sollte zunächst jedes Mal, wenn sie das erwünschte Verhalten zeigt, sofort belohnt werden, dann hat sie auch Lust, weiter mitzumachen. Wenn Sie zu viel erwarten, wenn es zu schwer ist, und deshalb auch keine Belohnungen kommen, verliert die Katze schnell die Lust. Wenn sie jedoch erst einmal verstanden hat, worum es geht, wird sie mit Begeisterung mitspielen.

Noch ist die sprichwörtliche Geschicklichkeit nicht vorhanden – Absturzgefahr!

Wie bei Menschen auch gilt die Regel: Wenn es am Schönsten ist, soll man aufhören. So behält die Katze die Lust am Spiel und wird nicht übersättigt. Es geht nicht um Leben und Tod. Es geht darum, dass Sie zusammen mit Ihrer Katze etwas tun, dass Ihre Katze mit Ihnen Spaß hat. Eine Katze, die keinen Spaß hat, spielt auch nicht mit.

Müde Tiger lärmen nicht Vergessen Sie nicht: Der Zweck der Übung besteht darin, dass Sie sehen, was Ihre Katze macht. Dabei können Sie auch gleichzeitig dafür sorgen, dass sie beim Spielen nicht allzuviel Unsinn treibt. Eine müde, glückliche Katze hat nicht die Energie, nachts, wenn Sie schlafen wollen, verrückt zu spielen oder in Ihrer Abwesenheit Blödsinn zu machen. Lassen Sie die Spielstunde so spät wie möglich am Abend stattfinden, dann haben Sie die Garantie, dass Ihre Katze anschließend auch wirklich tief und lange schläft.

Check

Nächtliche Nervensägen und Energiebündel bändigen

- **Was immer Ihre Katze auch macht – ob sie nun beim Krallenschärfen Ihren Lieblingsstuhl zerlegt, ob sie Sie nachts um drei weckt, ob sie Ihre Pflanzen zerstört oder in Ihr Bett pinkelt – sie ist absolut davon überzeugt, dass das so in Ordnung ist. Sie will Sie nicht ärgern und nimmt auch nicht Rache für irgendetwas.**
- **Unter Umständen versucht sie so, Ihre Aufmerksamkeit zu gewinnen. Vielleicht haben Sie selbst ihr das jetzt unerwünschte Verhalten über einen langen Zeitraum unabsichtlich beigebracht.**
- **Katzen sind Nachttiere. Wenn Ihnen das nicht passt, müssen Sie den Tages- und Nachtrhythmus Ihrer Katze ändern.**
- **Belohnen Sie Ihre Katze nicht aus Versehen, wenn sie Sie aufweckt. Füttern, Spielen und überhaupt jegliche Art von Zuwendung, sogar Schimpfen, wird als Belohnung empfunden!**
- **Spielen Sie regelmäßig mit Ihrer Katze und veranlassen Sie, dass sie aktiv herumtobt. Erwarten Sie nicht, dass sie das von ganz allein macht.**
- **Bestrafen Sie Ihre Katze bitte nicht dafür, dass sie nun einmal eine Katze ist. Bringen Sie ihr stattdessen die Hausordnung in einer Art und Weise nahe, die sie auch wirklich verstehen kann. Dann werden Sie beide zusammen glücklich werden.**

Umgang mit Angst und

Aggression

Wenn eine Katze kratzt und beißt, so geschieht das nicht aus Bosheit. Oft beruht dies auf einem Missverständnis zwischen Mensch und Katze. Auch Angst vor unbekannten Situationen kann Aggressionen auslösen. Wie aus Kratzbürsten Samtpfoten werden, lesen Sie auf den folgenden Seiten.

Löwe im Katzenfell

Die meisten halten Katzen für süße, warme, harmlose Kuscheltiere. Dabei gerät völlig in Vergessenheit, dass Katzen sehr wohl gefährlich sein können. Manch ein Löwenbändiger legt den Kopf in den Rachen seines Löwen und trägt nicht einen Kratzer davon. Im Gegensatz dazu hat schon mehr als eine Hauskatze ihrem Besitzer schwere Kratz- und Bisswunden zugefügt. Die Löwen lernen eben von Anfang an, wie sie sich „ihrem" Menschen gegenüber verhalten sollen. Wenn Katzen junge Löwen wären, würden wir sie von Anfang an lehren, uns nicht zu verletzen. Es stimmt schon: Im Gegensatz zu Löwen sind Katzen im Großen und Ganzen domestiziert. Dennoch muss jede einzelne Katze rechtzeitig lernen, mit Menschen richtig umzugehen.

„Handling" In wissenschaftlichen Untersuchungen hat man herausgefunden, dass Kätzchen dann zu menschenfreundlichen und zutraulichen Katzen heranwachsen, wenn sie schon ab der zweiten Lebenswoche täglich in die Hand ge-

Die mögliche Beute wird fixiert – fertig zum Angriff.

Scheinbar ein entspanntes Paar. Aber Ohren und Blick des Hundes zeigen, dass er nicht vergnügt ist. Doch man kann miteinander leben.

nommen und ein bisschen gestreichelt werden. Das bezeichnet man als „Handling". Auf diese Weise gewöhnen sich die Katzenwelpen frühzeitig daran, von Menschen berührt zu werden. Um die Welpen dabei nicht mit zu vielen Eindrücken zu überlasten, sollte man das Handeln langsam, in kleinen Schritten bis auf insgesamt 45 Minuten täglich ausdehnen. Diese Dauer hat sich als am günstigsten erwiesen. Mit mehr Zeitaufwand bewirkt man nicht mehr, aber weniger ist deutlich weniger wirksam. Natürlich können es mehrere kleine Zeiteinheiten sein. Damit die Kätzchen von Anfang an lernen, dass es ganz verschiedene Menschen gibt, sollten sowohl Männer wie Frauen und Kinder daran beteiligt sein, und zwar insgesamt mindestens fünf verschiedene Personen. Alle Beteiligten sollten freundlich und in ihrer Art ähnlich mit den Kätzchen umgehen.

Sozialisation Mit der vierten Lebenswoche beginnt bei Katzen die so genannte Sozialisationsphase, die bis zur siebten Woche dauert. In dieser Zeit werden die Grundlagen dafür gelegt, dass eine Katze in ihrem späteren Leben mit anderen Lebewesen zurechtkommt. Sie lernt, mit anderen Katzen, Hunden, anderen Haustieren und auch Menschen umzugehen und diese als Sozialpartner zu akzeptieren. Nur Katzen, die in dieser Zeit ausrei-

W Wichtig

Grundsätzlich gilt alles Unbekannte als gefährlich. Das ist angeboren. Erlernt wird, was ungefährlich ist.

chend angenehmen Kontakt mit Menschen haben, werden zu menschenfreundlichen Katzen. Der richtige Umgang mit anderen Katzen wird zunächst im Umgang mit den Geschwistern erworben. Die Kätzchen haben natürlich hautnahen Kontakt und lernen, sanft miteinander umzugehen. In so genannten Sozialspielen, die im Alter von ungefähr vier Wochen beginnen, fängt man sich, fällt übereinander her, kugelt herum und kämpft miteinander. Wer im Eifer des Gefechts zu grob wird, hat davon nur Nachteile. Entweder schreit der Spielgefährte, faucht und flüchtet, oder er gibt mit gleicher Münze heraus. In jedem Fall hat der Spaß ein Ende und der Grobian ist seinen Spielkameraden los. So lernen die Kätzchen, angemessen miteinander umzugehen. Sie lernen, ihre Beißkraft zu kontrollieren und benutzen ihre Pfötchen, aber nicht die Krallen.

Habituation Zur selben Zeit findet auch die Gewöhnung an die unbelebte Umwelt statt. Das wird als Habituation bezeichnet. Alles, was in dieser Zeit als ungefährlich kennen gelernt wird, macht im späteren Leben keine Angst. Damit sind die Grundlagen dafür gelegt, im späteren Leben zwischen gefährlich und ungefährlich unterscheiden zu können.

Mit einer Beute „grausam", mit einem Spielzeug „niedlich". Normales Katzenverhalten wird von Menschen sehr unterschiedlich empfunden.

Jagdverhalten

Ab dem Alter von ungefähr acht Wochen bevorzugen Katzenwelpen zunehmend Objektspiele, eine Vorbereitung auf späteres Jagen. Auch beim Jagdverhalten gibt es angeborene und erlernte Anteile. So ist z. B. angeboren, dass Rascheln Aufmerksamkeit auslöst, und schnelle Bewegungen, Jagdverhalten, also Hinterherlaufen und Festhalten. Das sind ja gerade die Dinge, die wir an kleinen Kätzchen so lieben: Sie fangen automatisch alles, wenn man raschelt und etwas vor ihnen bewegt. Sie lernen jedoch, was als Jagdbeute infrage kommt. Unter natürlichen Umständen beginnt das schon, sobald die Katzenmütter ihren Jungen als feste Nahrung zunächst tote Beutetiere zutragen. So lernen die Kätzchen Geruch und Geschmack der Tiere kennen, die als Nahrung dienen können. Es gibt ja nicht überall dieselben Beutetiere. Katzenwelpen lernen also frühzeitig ihre möglichen Beutetiere kennen. Sobald die Mutter – zum richtigen Zeitpunkt – lebende Beutetiere präsentiert, üben die kleinen Katzen Jagen. Die richtigen Bewegungsabläufe sind ihnen angeboren, aber es fehlt noch die erforderliche Geschicklichkeit. Auch die richtige Stelle für den Tötungsbiss ist Katzen angeboren. Sie „wissen" automatisch, wo er anzusetzen ist: Am Übergang vom Kopf zum Körper. Aber die richtige Durchführung erfordert Übung. Menschenkindern ist zum Beispiel die Fähigkeit, auf zwei Beinen zu gehen, angeboren. Wenn man ein Neugeborenes auf-

W Wichtig

Schwierigkeiten im Zusammenleben von Mensch und Katze

Katzen kratzen, beißen und verletzen Menschen nicht aus reiner Bosheit und Gemeinheit, sondern es liegen die folgenden Ursachen zugrunde:

1. **Verhalten ist nun einmal angeboren und wird daher auch ausgeübt – unabhängig davon, ob es aus Sicht der Menschen in die Situation und die Umgebung passt. Das betrifft z. B. das Markieren des Territoriums.**

2. **Die Katze hat nicht ausreichend Gelegenheit gehabt, das zu Lernen, was sie für ein erfolgreiches Leben in der komplizierten Welt der Menschen braucht: Es fehlt die angemessene Sozialisation mit Menschen, aber auch mit anderen Haustieren und Katzen.**

3. **Die Katze hat – meist im Zusammenleben mit Menschen – etwas Falsches gelernt. Eine Katze kann z. B. lernen, menschliche Hände oder Beine als mögliche Beute zu betrachten.**

recht hält, macht es automatisch Gehbewegungen, wenn die Füße eine waagrechte Fläche berühren. Dennoch muss Gehen geübt werden. Das geschieht dann, wenn der Körper dazu bereit ist.

Die Katze kratzt und beißt

Beim Spielen kratzen und beißen

Bei diesem Verhalten handelt es sich um angeborenes Verhalten. Katzen ist nun einmal angeboren, Beute zu jagen, zu fangen und zu töten. Viele Katzen müssen zwar jetzt nicht mehr jeden Tag draußen für ihr Abendessen sorgen, aber die Anlagen dafür sind ihnen nun einmal immer noch angeboren. Diese Fähigkeiten und diese Energie werden dann bei Wohnungskatzen oft am Katzenbesitzer ausgetobt.

Der Mensch als Beute Die Beute wird eine Ewigkeit lang belauert und beobachtet. Dann schleicht man sich an, und plötzlich, in einer Explosion von Energie, wird das Opfer erwischt. Katzen attackieren mit Begeisterung menschliche Beine; sie fangen Arme, die sich bewegen, und haschen nach zappelnden Fingern. So ungefähr alles, was sich rührt, wird im Spiel erlegt. Wer hier falsch reagiert, verstärkt unbeabsichtigt dieses Verhalten. Das Verhalten lohnt sich für die Katze, daher tut sie es immer öfter und obendrein wird es stärker. Hören Sie also sofort auf, wenn Ihre Katze zu grob wird, am besten bevor sie ihre Krallen einsetzt, und nicht erst, wenn Sie schon völlig zerkratzt sind. Machen Sie erst dann wieder weiter, wenn Muschi ihre Krallen wieder einzieht oder überhaupt friedlicher wird. Tut sie das

***Blitzschnell zugelangt.** Je nach Intensität kann die menschliche Haut ganz schön verletzt werden.*

Kleine Katzen sind unwiderstehlich – und so lernen sie beim Spielen leider, dass menschliche Finger eine mögliche Beute sind.

nicht, stehen Sie ruhig auf und entfernen Sie sich einfach. Auf diese Weise entgehen Sie Verletzungen, und Ihre Katze lernt von Anfang an, Sie weder zu kratzen noch zu beißen. Sie wird nicht einmal im Traum daran denken, Ihnen auch nur einen Kratzer zuzufügen.

Falsche Spiele vermeiden Das Beste ist, von Anfang an Spiele zu vermeiden, in denen Ihre Katze das Falsche lernt. Sie soll erst gar nicht die Erfahrung machen, dass menschliche Hände, Finger und Zehen geeignete Jagdobjekte sind. Benutzen Sie ihre Hände nicht zu groben Raufspielen mit Ihrer Katze. Denken Sie daran: Katzen sind perfekte Jagdmaschinen. Das ist ihnen angeboren. Jagen jedoch hat nur einen Zweck: die Beute zu töten, und da muss man als Katze schon zulangen. Sie dann zu bestrafen, weil es für die menschliche Haut zu grob war, wäre für die Katze unverständlich. Strafen führen zu Angst und das wäre für die Beziehung zwischen Katze und Mensch nicht gerade förderlich.

Alternative Jagdobjekte Andererseits muss man sich jedoch im Klaren sein, dass eine Katze gewisse Bedürfnisse hat. Sie braucht ein Ventil für ihre Jagdlust. Wenn Sie also nicht das Opfer sein wollen, nehmen Sie für Jagdspiele lieber Objekte. Bieten Sie ihr besser geeignete Spielsachen und Gelegenheiten zum Austoben an. Ziehen Sie ein Spielzeug an einer Schnur hinter sich her. Soll sie doch lieber das jagen und fangen als Sie. Eine Katze, die regelmäßig Spielstunden hat, besitzt weder Energie noch Lust für Spiele im ungeeigneten Augenblick mit einem ungeeigneten Objekt. Auf den Seiten 91–94 finden Sie weitere Vorschläge, wie Sie bei Ihrer Katze für einen Abbau von übermäßiger Energie sorgen können, damit sie sowohl Sie wie auch die Einrichtung verschont.

Beim Streicheln kratzen und beißen

Hier handelt es sich um ein erlerntes Verhalten. Nehmen wir einmal an, Ihre Katze hüpft auf Ihren Schoß und gibt deutlich zu verstehen, dass sie gestreichelt werden möchte. Nach einer Weile hat sie genug, kann Ihnen aber leider nicht in Worten mitteilen: Das war wunderbar, aber jetzt reicht es mir. Sie teilt es Ihnen auf ihre Art mit: Sie schlägt nach Ihnen und beißt.

Falsche Reaktionen verstärken das Problem Ein ganz zarter Katzenbiss und ein Pfotenschlag, noch ohne Krallen. Sie interpretieren das als Zärtlichkeit. Es ist offensichtlich, Ihre Katze will Sie keinesfalls verletzen, also entschuldigen Sie ihr Verhalten. Sie hören auch brav mit dem Streicheln auf und tun damit genau das, was sie will. Man lässt es nicht nur durchgehen, im Gegenteil, ich habe sogar mehr als einmal gesehen, wie Herrchen oder Frauchen mit einem Lächeln dieses Verhalten mit einem Kuss belohnt haben. Für die Katze entsteht der Eindruck, man mag, wenn sie beißt. Das verstärkt das Verhalten und verschlimmert das Problem. Im Lauf der Zeit kommt es bei vielen Katzen soweit, dass sie fest zubeißen und richtig kratzen. Spätestens dann, wenn es wirklich schlimm wird, reagieren die meisten Menschen mit Tadel oder Strafe. Für eine Katze ist es sehr verwirrend, wenn sie erst dafür belohnt wird, dass sie beißt, und später setzt es was.

Petting and Biting Dieses Verhalten kommt im Übrigen so häufig vor, dass es dafür ein Fachwort gibt. Man nennt es „Petting and Biting" – auf Deutsch: Beißen beim Gestreichelt werden. Wenn Ihre Katze das tut, dann sollten Sie am besten wortlos aufstehen, so dass sie vom Schoß herabgleitet. Das empfinden die meisten Katzen nicht als Belohnung, und das Verhalten wird nicht weiter verstärkt. Wenn Sie dann noch kurzerhand weggehen und sie nicht beachten, selbst wenn sie hinter Ihnen herkommt, drücken Sie damit Ihrer Katze gegenüber wirksam Ihr Missfallen aus. Spätestens jedoch, wenn das Verhalten so schlimm ist, dass Sie jedes Mal, wenn Sie nicht rechtzeitig mit Streicheln aufhören, schwere Kratzer oder gar Bisswunden davontragen, sollten Sie einen Spezialisten für Verhaltenstherapie zurate ziehen.

Aus Angst kratzen und beißen

Katzen sind nicht nur Jäger, sondern können für manche Tiere auch Beute sein. Sie sind daher darauf eingerichtet, vorsichtig zu sein, schnell zu reagieren und rechtzeitig zu flüchten, wenn sie sich in Gefahr glauben. Was aber bleibt, wenn man nicht weglaufen kann? Man muss sich seiner Haut wehren, und das können Katzen im Notfall außerordentlich gut, wie schon mancher Tierarzt zu seinem Leidwesen erfahren hat. Katzen sind nämlich hervorragend bewaffnet. Nun stellt das Zusammenleben mit dem Menschen an Katzen hohe Ansprüche. Immer wieder werden sie neuen Erfahrungen ausgesetzt. Eine Katze, die angemessen sozialisiert ist, reagiert im Allgemeinen selbstsicher und unbefangen auf neue Situationen. Sie fühlt sich der Lage gewachsen und hat es gar nicht nötig, Krallen und Zähnen einzusetzen. Eine Katze jedoch, die als Jungtier nicht die richtigen Erfahrungen gemacht hat, oder bei der an sich vorhandene gute Grundlagen nicht ausreichend gefördert und weiter gefestigt wurden, reagiert in einer für sie ungewohnten Situation unsicher. Sie hat Angst und fühlt sich bedroht. Wenn sie dann nicht flüchten kann, sieht sie vor lauter Entsetzen oft nur einen Ausweg: Sie muss sich mit Krallen und Zähnen bis auf's Messer verteidigen.

Aggression nicht unterschätzen

Aggressive Katzen können, so klein sie sind, ungeheuren Schaden anrichten. Ich erinnere mich an einen sehr tragischen Fall aus meiner Praxis. Eine sehr ängstliche Katze hatte sich vor einer jungen Frau auf einen Schrank geflüchtet. Die junge Frau holte einen Stuhl, stellte ihn vor den Schrank und kletterte hinauf, um die Katze herunterzuholen. Unter

Rechtzeitiges und regelmäßiges Handling der Katzenkinder sichert ein lebenslanges gutes Verhältnis zu Menschen.

gutem Zureden streckte sie den Arm nach der Katze aus. Diese fühlte sich so in die Enge getrieben, dass sie angriff und dabei ein Auge der jungen Frau so schwer verletzte, dass es nicht mehr zu retten war.

Erst einmal Ruhe Es kann lange dauern, bis eine ernsthaft aufgeregte Katze sich wieder beruhigt hat. Über Stunden, bis zum nächsten Tag oder gar über Tage kann eine solche Katze noch übermäßig reizbar sein. In diesem Zustand können geringfügige Ursachen unverhältnismäßig starke aggressive Reaktionen hervorrufen. Wenn man also den Eindruck hat, eine Katze sei auffallend reizbar, dann sollte man sie für die nächste Zeit ruhig, sicher und möglichst ungestört aufheben. Dann fühlt sie sich bald wieder gut aufgehoben und kann sich entspannen.

Diese körpersprachlichen Signale sind eindeutig: Ich bin kurz davor anzugreifen.

Umgang mit aggressiven Verhalten

Eine Katze, die nicht hochgehoben, in einen Katzenkorb gesetzt und zum Tierarzt gebracht werden möchte, kann sich mit Kratzen und Beißen dagegen wehren. In dieser Situation hat der normale Katzenbesitzer die Wahl zwischen den beiden folgenden Verhaltensweisen. Erstens: Er lässt die Katze wieder in Ruhe, der Tierarztbesuch findet nicht statt. Die Katze lernt, dass sie sich mit Kratzen und Beißen aus einer angsterregenden Situation retten kann. Zweite Möglichkeit: Trotz Gegenwehr wird der Plan ausgeführt. Die Katze bekommt immer mehr Angst, fühlt sich noch stärker bedroht und dadurch zur Verteidigung gezwungen.

Kein Ausweg aus dem Teufelskreis? Man kann tun was man will – beides verschlimmert das Verhalten leider. Es gibt nur einen Weg aus diesem Teufelskreis: Man muss die Katze lehren, dass diese Situation erträglich ist.

Was also ist die Lösung?

Es gibt vieles, was Katzen nicht mögen oder wovor sie Angst haben. Bei manchen darf man die Zähne oder die Ohren nicht kontrollieren, andere mogen nlcht hochgehobcn, an den Körper gedrückt oder am Schwanz oder an den Pfoten angefasst werden. Das ist eigentlich nicht erstaunlich. Ich kenne auch kein Kind, das es gern mag, wenn man seine Ohren sauber macht. Ich kenne übrigens auch nicht einen einzigen Erwachsenen, der gern zum Zahnarzt geht. Dennoch gibt es selten Schlagzeilen wie: Zahnarzt von Patient gebissen! Bei Katzen ist das anders: Manche würden am liebsten Tierarzt und Besitzer zugleich zerfleischen. Man darf von Katzen einfach nicht erwarten, dass sie alle möglichen Manipulationen ohne Gegenwehr über sich ergehen lassen. Es macht ihnen Angst, wenn sie festgehalten werden und das Gefühl haben, dass im Notfall eine Flucht unmöglich ist. Wie aber hilft man am besten einer Katze, die aus Angst beißt und kratzt, diese Angst zu überwinden? Mit Worten kann man ihr nicht erklären, dass weder das Hochheben noch das Anfassen oder Inspizieren der Pfötchen schmerzhaft ist. Das muss man Katzen lehren und mit ihnen einüben. Sie müssen das hautnah erfahren. Erst wenn Sie Ihre Katze Hunderte von Malen hochgehoben und ihre Pfoten untersucht haben, ohne dass das weh getan hat, ist sie davon auch überzeugt und vertraut Ihnen. Nur durch derartige Erfahrungen kann sie lernen, dass es keinerlei Grund zur Aufregung gibt. Im Gegenteil, es kann sich für sie sogar lohnen, wenn sie sich anfassen lässt! Ich selbst hasse den Zahnarztbesuch, auch wenn es nur darum geht, Zahnstein zu entfernen. Wenn mir aber irgendjemand für jeden Besuch 50 ¤ anbieten würde, ich hätte die strahlendsten Zähne der Welt!

Arztbesuch macht Spaß! Also bringen wir der Katze bei, dass es Spaß macht, wenn sie hochgehoben und festgehalten wird oder wenn besonders empfindliche Körperstellen berührt werden. Wenn man das gezielt angeht, klappt das auch. Verbinden Sie es einfach mit Belohnungen, und sie freut sich sogar darauf. Als Preis müssen Sie aber natürlich Dinge verwenden, die für die Katze lohnenswert sind. Für eine Katze, die keinen Hunger hat, ist Futter keine wirksame Belohnung. Wenn sie nur ein bisschen Hunger hat, rührt sie für normales, trockenes Katzenfutter kein Pfötchen. Die Belohnung muss schon aus einem besonderen Leckerbissen bestehen. Für eine Katze könnte das ein saftiges Stückchen Huhn sein. Sie selbst wissen am besten, was Ihre Katze wirklich liebt – nehmen Sie das! Diesen Leckerbissen bekommt sie aber natürlich nur, wenn sie bei Ihren Übungen brav mitmacht und sich gefallen lässt, was Sie ihr beibringen wollen. So lernt sie schließlich, all das sogar zu genießen, ob es sich nun dabei um Hochheben oder irgendetwas anderes handelt.

Angst schrittweise abbauen

Beispiel Krallenschneiden

Nehmen wir als Beispiel einmal das Krallenschneiden: Das kann irgendwann im Leben einer Katze einmal notwendig werden, zum Beispiel bei älteren Tieren, die ihre Krallen selbst nicht mehr richtig pflegen. Stellen Sie sich vor, Sie haben eine Katze, die jedes Mal zum Angriff übergeht, wenn man bloß ihre Pfoten berührt, geschweige denn die Krallen schneiden möchte. Ihre

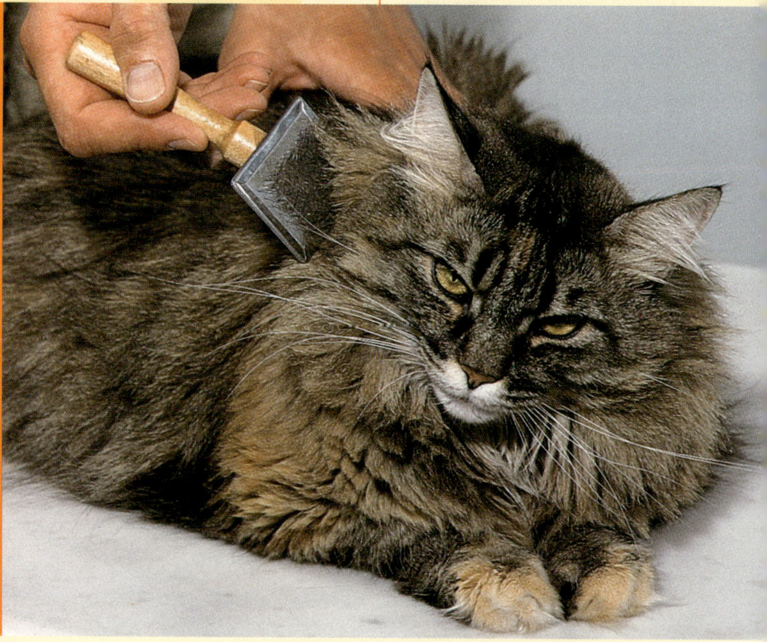

Viele Langhaarkatzen lassen sich Bürsten nicht ohne weiteres gefallen und müssen daher ein bis zwei Mal im Jahr in Narkose geschoren werden.

Katze soll also lernen, sich diese Prozedur gefallen zu lassen und sogar Gefallen daran zu finden. Fangen Sie langsam und vorsichtig an. Erwarten Sie nicht, dass Ihre Katze lernt, das Ganze zu genießen, wenn Sie sich plötzlich auf sie stürzen, sie festhalten, ihre Pfote packen, sich schnurstracks ans Krallenschneiden machen und ihr hinterher einen Leckerbissen anbieten.

Langsame Annäherung? Der erste Schritt besteht darin, dass Ihre Katze einfach entspannt bleibt, auch wenn Sie ihr Pfötchen festhalten. Dazu legt man der Katze einen leckeren Bissen vor die Nase – einen, bei dem feststeht, dass sie ihn auch liebt –, und sie darf ihn fressen, während man vorsichtig nur für einen Moment ihr Pfötchen berührt. Machen Sie das ebenfalls, wenn Ihnen Ihre Katze zum Schmusen auf den Schoß springt oder wenn es ihr nach Spielen zumute ist. Ehe oder noch besser während Sie also etwas für Ihre Katze tun und eines ihrer Bedürfnisse befriedigen, berühren Sie kurz eins ihrer Pfötchen. Wiederholen Sie das immer wieder, bis Ihre Katze weder Zeichen von Abneigung noch von Widerstand zeigt. Das kann ganz schnell gehen, oder aber sich über Wochen hinziehen, je nachdem, wie empfindlich eine Katze ist. Als Nächstes fassen Sie die Pfote etwas länger an oder reiben sie gar ein bisschen, auch jetzt, während es die Belohnung gibt. Wenn Ihre Katze sich das gefallen lässt, können Sie die Pfote kurz anheben. Sobald das klappt, halten Sie die Pfote kurz fest und massieren sie leicht. Wenn Sie alles richtig machen, fängt Ihre Katze langsam an, sich zu wundern. „Was hat sie bloß? Verrückt nach meinen Pfötchen? Aber unter solchen Umständen soll's mir recht sein!" Fast alle Katzen, die ich kenne, melden sich zur Essenszeit. Manche reiben sich am Kühlschrank, andere miauen bei ihrem Futternapf. Wenn Sie die Übung mit den Pfoten lange genug gemacht haben, kann es gut sein, dass Ihre Katze Ihnen ihr Pfötchen hinhält, wenn sie denkt, es ist Zeit für ein Häppchen. Eine andere

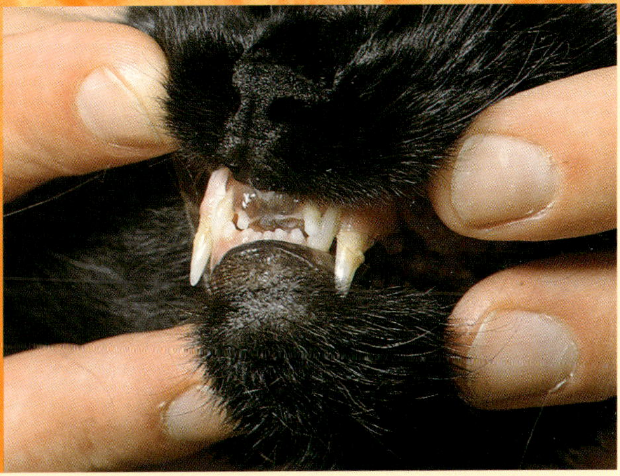

Wenn man zu Hause in Ruhe die Zähne selbst kontrollieren kann, muss man erst dann zum Tierarzt, wenn es wirklich nötig ist.

LINKS: ***Über Belohnungen kann man einer Katzen sehr viel beibringen – und sich selbst und der Katze auf Dauer das Leben erleichtern.***

RECHTS: ***Man kann sich auf diese Weise sogar an das Krallenschneiden gewöhnen.***

Möglichkeit, Ihre Katze an Berührungen, die sie nicht mag, zu gewöhnen, wäre folgendermaßen: Finden Sie zunächst eine Stelle, an der sie Streicheln und Massieren besonders liebt. Massieren Sie diese Stelle, bis Ihre Katze ganz locker und entspannt daliegt. Wenn die Pfoten die empfindliche Stelle sind, lassen Sie Ihre Finger jetzt ganz langsam und sanft nach und nach dorthin wandern, kehren jedoch schnell wieder an die geliebte Stelle zurück. Auf diese Weise wird das Berühren und Festhalten der Pfoten langsam Bestandteil der geliebten Massage.

Die Krallenschere Erst jetzt wird die Krallenschere eingeführt, am Besten erst einmal nur neben die Pfote gelegt, während wieder die Belohnung gereicht wird. Als Nächstes nehmen Sie die Krallenschere in die Hand, und in einem weiteren Schritt berühren Sie die Pfote leicht mit der Krallenschere. Alles geschieht in einzelnen, winzigen Schritten, begleitet von Belohnungen und Leckerbissen. Der nächste Schritt erfolgt immer erst, wenn die Katze den vorhergehenden ganz gelassen geduldet hat. Es ist also möglich, dass ein einzelner Schritt mehrmals geübt werden muss, bevor man weitergehen kann. Nehmen Sie schließlich einen einzigen Zeh, und geben Sie ihr dann etwas, was sie besonders liebt, und betrachten Sie die Kralle genau. Erst wenn Ihre Katze das alles ganz gelassen mitmacht, sollte man eine Kralle auch wirklich abknipsen. Für den Anfang reicht eine

Kralle pro Tag. Üben Sie dabei auf jeden Fall den Tag über weiter das Pfotenberühren, sonst vergisst Ihre Katze, dass sich das lohnt.

Kein Zwang Am wichtigsten ist, auch wirklich langsam vorzugehen. Sobald Sie merken, dass es Ihrer Katze keinen Spaß macht oder dass sie sich wehrt, waren Sie zu ungeduldig und haben zu viel auf einmal verlangt. Falls Sie gar richtigen Zwang ausüben müssen und es für die Katze wirklich unangenehm ist, wird es Ihnen kaum gelingen, Ihre Katze zu überzeugen, dass Anfassen keine große Sache ist. Genau genommen haben Sie ihr sogar das Gegenteil beigebracht und so Vertrauen verspielt. Dann müssen Sie möglicherweise wieder ganz von vorn anfangen, um das verlorene Vertrauen zurückzugewinnen.

W *Wichtig*

Positive Erfahrungen
Katzen lernen durch Erfahrung. Sorgen Sie also dafür, dass diese Erfahrungen auch erfreulich sind. Langsam und mit Erfolg vorzugehen ist besser, als überstürzt zu handeln und alles zu verderben. Zwang führt bei Katzen einfach nicht zum Ziel.

Gefühle umpolen

Auf die beschriebene Art können Katzen an fast alles gewöhnt werden, was ihnen unangenehm ist. In der Verhaltenstherapie wird diese Vorgehensweise häufig angewandt. Genau genommen werden dabei zwei Behandlungsmethoden gemeinsam angewendet: Desensibilisierung und Gegenkonditionierung. Als Desensibilisierung bezeichnet man, wenn die Annäherung an den „Angstauslöser“ in so kleinen Schritten erfolgt, dass der Betroffene zwar aufmerksam wird, aber keine Angst bekommt. Das ist hier mit der Krallenschere passiert: Sie lag erst in der Nähe, dann wurde sie in kleinen Schritten immer dichter an den Fuß herangebracht, dann wurde der Fuß damit berührt und so ging es in kleinen Schritten immer weiter. Gleichzeitig wurde aber auch ein geliebtes Futter verabreicht. Wenn das im richtigen Augenblick geschieht, führt das dazu, dass schließlich der Anblick der Krallenschere die Katze an Futter erinnert. Dadurch ändert sich ihr Gefühl beim Anblick der Krallenschere: nicht Angst entsteht, sondern die Freude auf Futter. Das bezeichnet man als Gegenkonditionierung. Beide Methoden können auch jede für sich allein angewendet werden.

Übung macht den Meister

Am besten beginnt man jedoch mit dem Üben, bevor es überhaupt zu Angst und damit zu Gegenwehr kommt. Es ist besser, eine Katze von vornherein mit allem nur Erdenklichen vertraut zu machen als abzuwarten, bis ein Problem auftaucht. So kann man vermeiden, dass man eine Katze, die sich sträubt, zu etwas zwingen muss.

Eine Katze, die gelernt hat, gern an der Leine zu gehen, kann draußen entspannt spazieren gehen.

An den Transportkorb gewöhnen

Nehmen wir als Beispiel ein Problem, das mit Sicherheit irgendwann einmal auf jeden Katzenbesitzer zukommt: Die Katze muss in einen Transportkorb. Unzählige Katzen lassen sich das nicht ohne weiteres gefallen. Meist erinnert es sie an den Tierarztbesuch und so kämpfen sie um ihr Leben, bevor sie sich in ihren Korb setzen lassen. Aber hier könnte man vorbeugen, indem man sie rechtzeitig daran gewöhnt. Warten Sie nicht ab und muten Sie ihr nicht erst dann eine wirklich unerquickliche Erfahrung zu, wenn sie tatsächlich zum Tierarzt muss. Es lohnt sich vorzubeugen und die Katze schon früh mit Belohnungen und ohne Stress an den Transportbehälter zu gewöhnen. Stellen Sie den Katzenkorb also irgendwo im Haus auf. Lassen Sie Ihrer Katze so viel Zeit, wie sie wünscht. Geben Sie ihr die Gelegenheit, den Korb zu erforschen, rein- und rauszuklettern, wann immer sie Lust dazu hat. Sie könnte ja ganz zufällig ihr Lieblingsspielzeug darin vorfinden. Katzen verstecken sich liebend gern in Schachteln und Taschen, vielleicht erwählt sie den Katzenkorb zu einem Teil ihres Lebens. Irgendwann machen Sie dann einfach einmal die Tür hinter ihr zu, wenn sie drin ist. Aber nur für einen Augenblick. Nach und

Gewöhnung an den Reisekäfig bedeutet kein Stress auf dem Weg zum Tierarzt.

nach darf die Tür dann länger geschlossen bleiben. Füttern Sie sie einige Wochen lang im Katzenkorb bei offener Tür. Später schließen Sie die Tür, während sie frisst. Sobald sie sich wohl fühlt, auch wenn die Tür geschlossen ist, heben Sie den Korb kurz einmal an, während sie drinsitzt. Wiederholen Sie das mehrmals täglich und über mehrere Tage, bis sie sich auch daran gewöhnt hat. Dann heben Sie den Korb hoch und tragen ihn quer durchs Zimmer. Stellen Sie ihn wieder hin, öffnen Sie die Tür und lassen Sie Ihre Katze heraus, ganz wie sie will. Verlängern Sie das von Mal zu Mal, und verbinden Sie es mit Lob und einer Belohnung im Katzenkorb. Wenn eine Katze erst einmal gewöhnt ist, im Haus herumgetragen zu werden, geht's im Korb zum Haus hinaus und zum Auto. Das Herumtragen sollte allerdings sehr oft stattfinden, bevor es wirklich ins Auto geht.

Autofahren Dann wird sie daran gewöhnt, im Korb im stehenden Auto zu sein, und erst dann ist es Zeit für's Autofahren, zunächst nur ganz kurz um den Block. Zu Hause darf sie gleich wieder aus dem Korb. Aber bitte jetzt im Anschluss an das Herumtragen nicht etwa für die Übungsstunde mit etwas Nettem entschädigen! Die Katze soll während der Übung den Spaß haben – nicht danach! Bieten Sie ihr also während der ganzen Übungszeit etwas Leckeres zu Essen, das beschleunigt die Sache. Das Ganze steigern Sie dann langsam, und schließlich können Sie so-

Check

Angstprobleme bewältigen

- **Man kann jedes Lebewesen am besten an etwas gewöhnen, vor dem es Angst hat, wenn man die biologischen Lernregeln berücksichtigt.**
- **Eine langsame Annäherung in kleinen Schritten an das, was Angst macht, nennt man Desensibilisierung.**
- **Wenn einen Sekundenbruchteil nach dem so genannten Angstauslöser etwas Unwiderstehliches erscheint, dann führt das irgendwann dazu, dass keine Angst, sondern angenehme Gefühle ausgelöst werden. Das bezeichnet man als Gegenkonditionierung.**
- **Beide Methoden können gleichzeitig angewendet werden.**
- **Die Durchführung erfordert Zeit. Das können Tage und Wochen, im Extremfall Monate sein.**
- **Genaues Vorgehen ist unerlässlich. In schwierigen Fällen sollte die Hilfe eines auf Verhaltenstherapie spezialisierten Tierarztes in Anspruch genommen werden.**

gar zum Tierarzt fahren, ohne dass das Ihre Katze im Geringsten beunruhigt. Gehen Sie bei der ganzen Sache sorgsam vor. Jeder Schritt erfolgt erst, wenn Ihre Katze beim vorhergehenden völlig ruhig und gelassen bleibt. Schreien Sie sie nicht an und bestrafen Sie sie nicht, wenn sie Angst zeigt. Das macht noch mehr Angst. Trösten Sie sie aber auch keinesfalls. Das wäre in diesem Fall eine Belohnung und könnte das ängstliche Verhalten steigern!

Der Angst ins Auge blicken?

Manchmal wird auch empfohlen, eine Katze, die vor etwas Angst hat, so lange dieser Situation auszusetzen, bis sie sich daran gewöhnt hat. Man könnte sie z. B. in einen Transportkäfig sperren und einfach so lange darin lassen, bis sie sich beruhigt hat. So könnte man sie an einen Transportkorb oder auch an einen Hund gewöhnen. Dazu wird sie in einen Transportkäfig gesteckt und in die Nähe eines Hundes gestellt. Diese Vorgehensweise wird bei Menschen mit Angstproblemen wie z. B. Höhenangst mit gutem Erfolg eingesetzt und als Flooding, als „Überflutung", bezeichnet. Ein Mensch, der an Höhenangst leidet, wird also sozusagen in eine Situation gebracht, in der er die Angst durchlebt. Ich empfehle diese Vorgehensweise aus den folgenden Gründen niemals. 1. Während des Flooding wird der Betreffende, ob

Mensch oder Tier, dem angstauslösenden Reiz in voller Stärke ausgesetzt. Das betreffende Lebewesen befindet sich also in einem Zustand höchster Angst. Wenn Menschen sich zu diesem Schritt entscheiden, weil sie unter einem Angstproblem leiden, so tun sie das in vollem Bewusstsein. Sie wissen, was auf sie zukommt. Ein Tier kann diese Entscheidung nicht treffen. 2. Während des Floodings ist der Betreffende einer sehr hohen körperlichen Belastung ausgesetzt. Jeder hat schon einmal selbst erlebt, wie sehr das Herz klopft, wenn man Angst hat, und wie schnell man atmet. 3. Das Flooding darf erst dann abgebrochen werden, wenn die Angstreaktionen merkbar weniger stark sind, sonst wird die Angst noch weiter verstärkt. Man kann leider nie wissen, wie lange das dauert. Im Extremfall können das Stunden sein. 4. Die Angstreaktionen lassen schließlich nach, weil der Körper so erschöpft ist, dass er nicht mehr zu Angstreaktionen fähig ist, nicht weil der Betreffende einsieht, dass er keinen Grund zur Angst hat. Eine echte körperliche Überlastung ist also nie auszuschließen. 5. Beim Flooding bringt man also ein Tier gegen seinen Willen in eine Situation, wo es Angst bis zur völligen Erschöpfung durchstehen muss. Das halte ich für Tierquälerei.

Paul zeigt deutliche Zeichen von Unsicherheit: abgeklappte Ohren und geweitete Pupillen.

Diese Eintracht kann schlagartig enden, wenn ein plötzlicher Reiz Angst und umgerichtetes aggressives Verhalten auslöst.

Besondere Situationen

Katzen können in allen möglichen Situationen, in denen sie etwas als Störung oder Beeinträchtigung empfinden, aggressiv reagieren.

Umgerichtete Aggression Wenn es jedoch keinen Zugang zu dem Verursacher dieser Störung gibt, kann das Verhalten sich gegen einen in unmittelbarer Nähe befindlichen Unbeteiligten richten. Das wird als umgerichtete Aggression bezeichnet. Beispiel: Eine an sich freundliche, aber auch ziemlich ängstliche Katze, die nur in der Wohnung lebte, war nervöser als sonst, seit vor dem Haus Straßenarbeiten begonnen hatten. Eines Tages kam der Besitzer von der Arbeit früher nach Hause und beschäftigte sich mit seiner Katze,

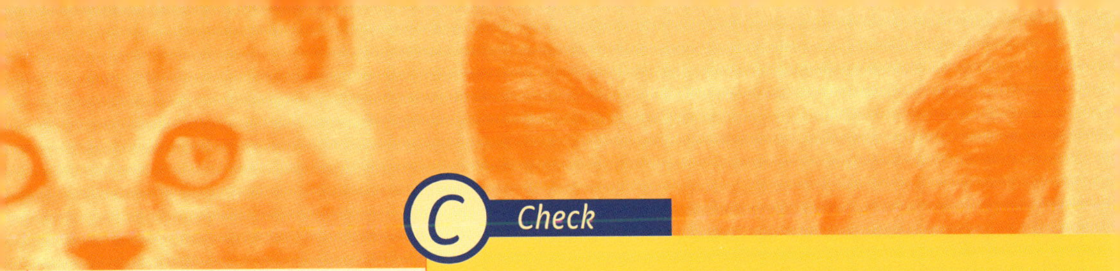

während die Baumaschinen vor dem Haus besonders stark lärmten. Er stand auf, um das Fenster zur Straße zu schließen. In diesem Augenblick krachte es draußen laut. Im gleichen Moment stürzte sich die Katze mit einem Schrei auf seine Beine. Zum Glück war die Hose dick genug, um ernsthafte Verletzungen zu verhindern. Durch diesen Vorfall war das Verhältnis zwischen beiden ernstlich gestört. Der Besitzer hatte zunächst jedes Vertrauen zu seiner Katze verloren und diese wurde jedes Mal, wenn er zu diesem Fenster ging, aggressiv. Erst eine gezielte Verhaltenstherapie konnte das Problem wieder beheben.

- **Chronische Schmerzen** Bei Katzen – wie auch bei Hunden oder auch Menschen – können chronische Schmerzen und beispielsweise auch verminderte Sehfähigkeit die Bereitschaft zu aggressivem Verhalten steigern.

- **Plötzlicher Schmerz und Schock** lösen schlagartige aggressive Reaktionen aus. Die Katze hat in dieser Situation gar keine Wahl. Das aggressive Verhalten läuft als Reflex ab, ohne vorherige Warnung und in voller Stärke. Daran sollte jeder denken, der einem vertetzten Tier helfen möchte.

Check

Richtiger Umgang mit Aggression

○ **1. Wenn Sie Ihrer Katze beibringen wollen, dass sie nicht beißen und kratzen soll, müssen Sie ihr das auf eine Weise erklären, die sie verstehen kann.**

○ **2. Lehren Sie sie, wie man als Katze mit Menschen richtig spielt.**

○ **3. Wenn sie beim Spielen zu grob wird, teilen Sie ihr das mit, indem Sie ein solches Spiel sofort abbrechen**

○ **4. Strafen und Schimpfen lösen Angst und Frustration aus und verbessern das Verhalten in dieser Situation meist leider nicht, sondern verschlechtern es.**

○ **5. Wenn Ihre Katze in regelmäßigen Spielstunden Spielsachen jagt und fängt, kann sie ihre Jagdlust und spielerische Energie in einer erträglichen Art und Weise ausleben.**

○ **6. Eine Katze, die aus Angst und zu ihrer Verteidigung kratzt und beißt, muss die Erfahrung machen, dass dazu eigentlich kein Grund besteht. Lehren Sie sie, dass Ereignisse, die ihr Angst machen, sogar angenehm sein und sich lohnen können.**

Viel Freude beim Lesen wünscht Max!

Zum Ausklang

In den letzten Jahren habe ich einen großen Teil meiner Zeit mit Vorträgen über Hunde- und Katzenverhalten verbracht. Das war für meinen Kater Max eine harte Zeit, da ich oft unterwegs war. Er hat sich deshalb sehr darüber gefreut, als ich wieder brav daheim am Schreibtisch saß und an diesem Buch geschrieben habe. Ich frage mich selbst immer mal wieder, ob ich eigentlich Katzen oder Hunde lieber mag. Bisher kann ich auf diese Frage keine klare Antwort geben. Ohne meinen Hund Paco, der mich immer wieder vom Sofa holt, würde ich völlig zur Stubenpflanze werden. Max wiederum liebe ich besonders an Tagen, an denen es wie aus Eimern schüttet oder wenn ein kalter Nordwind bläst. Seine Ansprüche stimmen so sehr mit meinen eigenen Wünschen überein: ein warmes Plätzchen, gemeinsam auf dem Sofa kuscheln und etwas Gutes zum Naschen ist alles, was wir brauchen. Max liebt es, wenn ich ein Buch lese und er es sich dabei auf meinem Schoß gemütlich machen kann. Bei der Arbeit an diesem Ratgeber war Max eine große Hilfe. Er hat auf meinem Schoß oder auf der Tastatur meine Konzentration unterstützt. Nachts sind wir gemeinsam in die Küche getigert, wenn es Zeit für ein Häppchen, eine Tasse Tee oder eine andere Erfrischung war. Sein Anblick, wenn er zusammengerollt im Lichtkegel der Schreibtischlampe lag, hielt mich am Schreibtisch: Ich wollte seine Sonne nicht ausknipsen. Nun liegt Ihnen unser gemeinsames Werk vor. Ich hoffe, Sie hatten beim Lesen mindestens ebenso viel Vergnügen wie Max und ich bei unserer stillen Nachtarbeit.

Ihre Renate Jones-Baade

Quellen

Heath, Sarah:
Why does my cat...?
Souvenir Press 2000.

Liebermann, David:
Learning, Behaviour and Cognition.
Wadsworth 1999.

Schär, Rosemarie:
Die Hauskatze.
Ulmer Verlag 1998.

Schroll, Sabine:
Miez Miez – na komm!
Artgerechte Katzenhaltung in der Wohnung.
Videel 2001.

Turner, Dennis/ Bateson, P.P.G:
The Domestic Cat.
The biology of its behaviour.
Cambridge University Press 2000.

Zum Weiterlesen

Ballner, Maryjean:
Streichelmassage für Katzen.
Kosmos-Verlag 2000.

Becvar, Dr. Wolfgang:
Naturheilkunde für Katzen.
Kosmos-Verlag 1996.

Brixner, Saskia:
Gesundheit und Fitness für Katzen.
Kosmos-Verlag 1999.

Delmonte, Patti:
Muffins Miau und 50 weitere Rezepte für Katzen.
Kosmos-Verlag 2002.

Faustmann, Ingo:
Katzensprache verstehen.
Kosmos-Verlag 1999.

Grimm, Hannelore:
Ein Kätzchen kommt ins Haus.
Kosmos-Verlag 2002.

Grimm, Hannelore:
So fühlt sich meine Katze wohl.
Kosmos-Verlag 2002.

Grimm, Hannelore:
Glückliche Wohnungskatzen.
Kosmos-Verlag 1997.

Hensel, Wolfgang:
Deine Katze.
Kosmos-Verlag 2001.

Johnson, Pam:
Katzen auf der Couch.
Kosmos-Verlag 1998.

Johnson, Pam:
Katzenpsychologie.
Kosmos-Verlag 1998.

Kraa, Gisela:
Bachblüten für Katzen.
Kosmos-Verlag 1996.

Lauer, Isabella:
Meine Katze.
Kosmos-Verlag 1998.

Lauer, Isabella:
Wenn Katzen reden könnten.
Kosmos-Verlag 2003.

Laukner, Anna:
Wenn meine Katze krank ist.
Kosmos-Verlag 2003.

Mahkorn, Dr. Medea-Rachel:
Erste Hilfe für meine Katze.
Kosmos-Verlag 2002.

Metz, Gabriele: **Katzen.**
Kosmos-Verlag 2002.

Metz, Gabriele:
So verwöhne ich meine Katze.
Kosmos-Verlag 2003.

Pryor, Karen:
Positiv bestärken – sanft erziehen.
Kosmos-Verlag 1999.

Tellington-Jones, Linda:
TTouch für Katzen.
Kosmos-Verlag 2003.

Theilig, Harald:
Mit Katzen spielen und lernen.
Kosmos-Verlag 1998.

Dr. Wolf:
Tiersprechstunde für Katzen.
Kosmos-Verlag 2003.

Zeitschriften

Geliebte Katze.
Gong-Verlag, Nürnberg.

Katzen Magazin
Roro-Press-Verlag CH-Dietlikon.

Katzen extra.
Symposion-Verlag, Saarbrücken.

Our Cats.
Minerva-Verlag, Viersen.

Adressen

GTVT Gesellschaft für Tierverhaltenstherapie e.V.
Dr. U. Bonengel
Am Kellerberg 18 a
84175 Gerzen
Tel.08744/1750 / Fax 08744/8493
www.gtvt.de

1. Deutscher Edelkatzen-Züchterverband e.V. (DEKZV)
Berliner Str. 13
35614 Asslar
Tel. 06441-8479
www.dekzv.de

Deutsche Edelkatze e.V.
Geisbergstr. 2
45139 Essen
Tel. 0201-555724
www.deutsche-edelkatze.de

Deutsche Rassenkatzen-Union e.V. (DRU)
Hauptstr. 56
56814 Landkern
Tel. 02653-6207
www.dru.de

Süddeutscher Rassekatzen-Verband e.V. (SDRV)
Fallrohrstr. 30
90480 Nürnberg
Tel. 0911-4097788
www.sdrv.de

Österreichischer Verband für die Zucht und Haltung von Edelkatzen (ÖVEK)
Liechtensteinstr. 126
A-1090 Wien
Tel. 0222-3196423
www.oevek.at

Klub der Katzenfreunde Österreichs (KKÖ)
Castellezg. 8/1
A-1020 Wien
Tel. 0222-2147860
www.kkoe.org

Féderation Féline Helvétique (FFH)
Solothurner Str. 83
CH-4053 Basel
Tel. 061-3617064
www.ffh.ch

Cat-Sitter-Clubs

Kontaktadresse:
Verein Deutscher Katzenfreunde e.V.
Silberberg 11
22119 Hamburg
Tel. 040-454842

Register

Impressum

Umschlaggestaltung von eStudio Calamar unter Verwendung eines Farbfotos von Gabriele Metz.

Mit 94 Farbfotos

Bibliografische Information
Der Deutschen Bibliothek
Die Deutsche Bibliothek verzeichnet diese Publikation in der Deutschen Nationalbibliografie; detaillierte bibliografische Daten sind im Internet über http://dnb.ddb.de abrufbar.

Alle Angaben in diesem Buch erfolgen nach bestem Wissen und Gewissen. Sorgfalt bei der Umsetzung ist indes dennoch geboten. Der Verlag und die Autorin übernehmen keinerlei Haftung für Personen-, Sach- oder Vermögensschäden, die aus der Anwendung der vorgestellten Materialien und Methoden entstehen könnten.

Gedruckt auf chlorfrei gebleichtem Papier

ISBN 3-440-09747-1
Redaktion: Christine Axmann
Gestaltungskonzept: eStudio Calamar
Produktion: Kirsten Raue, Markus Schärtlein
Printed in Czech Republic/
Imprimé en République Tchèque

Bildnachweis

Christine Axmann/Christof Horn (15): S. 3 unten, 14 beide, 16 oben, 17, 34, 48, 56, 61, 90, 94, 99, 101, 102, 106.

Gabriele Metz (64): S. 1, 2 oben, 3 oben, 4, 6, 7, 8, 11, 12, 16 unten, 18, 19, 20, 21, 22, 23, 25, 26, 27, 29, 30, 31, 36, 39, 41, 43, 44, 45, 46, 49, 50, 51, 54, 57, 59, 62, 64, 67, 68, 70, 71, 73, 75, 76, 77, 78, 79, 80, 81, 82, 84, 87, 89, 91, 92, 98, 108, 109, 110, 111, 112, 113, 120, 122.

Folgende Bilder sind von den Tierärzten Dr. Jones-Baade, Dr. Stephan Gronostay und Dr. Silja Weber (14): S. 3 (großes Bild), 9, 28, 33, 37, 38, 40, 52, 60, 96, 115, 116, 118, 124.

Kristian Begović: S. 105.

KOSMOS
Postfach 10 60 11
D-70049 Stuttgart
TELEFON +49 (0)711-2191-0
FAX +49 (0)711-2191-422
WEB www.kosmos.de
E-MAIL info@kosmos.de

KOSMOS INFOLINE

So funktioniert's

Dr. med. vet. Renate Jones-Baade studierte Tiermedizin in München und gründete dort 1982 eine tierärztliche Praxis für Kleintiere. 1999 schloss sie ihr Studium der Tierverhaltenstherapie in Southampton (England) mit dem MSc (Master of Science) ab. Seit 2000 ist sie ausschließlich als Verhaltenstherapeutin tätig. Sie ist Mitglied der APBC (Association of Pet Behaviour Counsellours). In zahlreichen Publikationen, Vorträgen und Seminaren gibt sie ihre langjährige Erfahrung im Umgang mit Verhaltensproblemen bei Katzen und Hunden an Fachleute und interessierte Laien weiter. Kosmos-Lesern ist sie bereits durch ihr Buch „Aggressionsverhalten bei Hunden" als Expertin für Verhaltensauffälligkeiten bekannt.

Sie können sich mit Ihren Fragen und Problemen an unsere Autorin Renate Jones-Baade wenden.

Schreiben Sie an die „Heimtier-Infoline" (bitte mit Rückporto):

Kosmos-Verlag
„Heimtier-Infoline"
Postfach 10 60 11
70049 Stuttgart

Ko-Autorin Gwen Bohnenkamp ist eine anerkannte Verhaltenstherapeutin in den USA. Als Expertin für Tierverhalten wird sie von Fachleuten und Katzenliebhaber bei Verhaltensproblemen konsultiert. Sie hat Bücher und Audiokassetten über Hunde- und Katzenverhalten veröffentlicht und ist auch durch Radio- und Fernsehbeiträge bekannt geworden.